BRAIN GAMES

W9-CAW-352

JEOPARDY!®
CHALLENGE

Publications International, Ltd

Clue and response writers: Marcus Brown and Michael R. Harris

Images from Shutterstock.com

Brain Games is a registered trademark
of Publications International, Ltd.

Louis Weber, CEO
Publications International, Ltd.
8140 Lehigh Avenue
Morton Grove, IL 60053

ISBN: 978-1-64558-082-9

Manufactured in U.S.A.

8 7 6 5 4 3 2 1

Jeopardy!®, "America's Favorite Quiz Show®," has been challenging, educating and entertaining its dedicated audience since 1984. For more than 8000 episodes, *Jeopardy!* has offered millions of loyal viewers a wide variety of categories and clues that have redefined the terrain covered by most TV quiz shows.

Brain Games®: *Jeopardy! Challenge* contains sixty-seven word search puzzles based on your favorite *Jeopardy!* categories, like State Capitals, West of the Mississippi, Potpourri, and many more. And each puzzle features five *Jeopardy!* clues straight from the writer's desk at the game show.

In order to complete each word search puzzle, you will need to correctly respond to each *Jeopardy!* clue and then find that response within the grid of letters. The correct responses will be found in the grid without their preceding articles (*A, An, The*), unless the article is a part of the title of a piece of art, book, movie, play, television show, etc. To finish the puzzle you will then have to find the rest of the words in the word bank. Words can be found in a straight line, horizontally, vertically, or diagonally and can be read either forward or backward.

So, there are two steps you must complete in order to solve each puzzle. First, you must correctly respond to all of the *Jeopardy!* clues and then find them in the word search. And second, you must finish finding the other words in the word search's word bank. If you ever get stuck, our judges (also known as the answer key) will help you find the solution in the back of the book.

HEALTH MATTERS

BEWARE OF BULGING OR SWOLLEN CANS OF FOOD; IT COULD BE A SIGN OF THIS FOOD POISONING

WHAT IS _____?

HEPATITIS, WHICH CAN BE SEVERE OR CAUSE NO SYMPTOMS AT ALL, IS AN INFLAMMATION OF THIS ORGAN

WHAT IS _____?

IN 1753 NAVAL SURGEON JAMES LIND PUBLISHED A STUDY SHOWING THAT CITRUS FRUIT PREVENTED THIS DISEASE

WHAT IS _____?

THE "LOCAL" TYPE IS USED ON A LIMITED AREA OF THE BODY; THE "GENERAL" TYPE MAKES YOU UNCONSCIOUS

WHAT IS _____?

FROM THE LATIN FOR "SLIDE BACK", IT'S THE RETURN OF A DISEASE AFTER AN APPARENT RECOVERY

WHAT IS _____?

ALKALOIDS

ANXIETY

BIOLOGY

BLOOD PRESSURE

DIET

ENDURANCE

FLEXIBILITY

HEREDITARY

IMMUNE SYSTEM

INFLAMMATION
METABOLISM

NUTRIENTS
SLEEP

STRESS
VITAMIN C

```
P L Y M Y N T G B D B X Z S V K N C W F
B L C U Q H Z A J J J B I O L O G Y Y F
E N O I T A M M A L F N I D A O Z M L M
B U L E D N X M K E X D N Y F Q B E S A
F N E Z D P E S P A L E R I U S X I N Z
H Y R M W C L L D T V C M W P I L X D C
A T U G A N E S T H E S I A B U I B F G
K E S M U O Y J P Y N R H I T E S V B K
E C S X E J O E O K S P L O T S F I N N
H N E N Q T R W D N M I B Y E M T T Q D
E A R Z B S S M D F T F Q R K E V A H I
R R P Z B C Q Y E Y O K T I J H E M U E
E U D L T Z B L S T J S U K K I Y I K T
D D O D U J P V B E A F S G Y H V N W H
I N O R E V I L C T N B C S X E R C R B
T E L I A S L E E P R U O H H Y U R S L
A V B S D I O L A K L A M L L N C O B R
R A T Z D N X F I R E V X M I Q S O B G
Y W A S N M D G Z P U V B W I S A C W D
Q K O K M J N U T R I E N T S P M Z R G
```

Answers on page 138.

THE MUSEUMS OF EUROPE

THIS MUSEUM ON THE SEINE WAS OPENED TO THE PUBLIC IN 1793

WHAT IS _____?

IN 1764 EMPRESS CATHERINE II PURCHASED THE FIRST COLLECTION FOR THIS ST. PETERSBURG MUSEUM

WHAT IS _____?

YOU CAN LEARN ABOUT THE HISTORY OF NORDIC SAILING IN THIS ICELANDIC CAPITAL'S MARITIME MUSEUM

WHAT IS _____?

EXHIBITS IN THIS COMPOSER'S BONN HOME INCLUDE HIS GRAND PIANO & VARIETY OF EAR TRUMPETS

WHO IS _____?

ITS MUSEUMS INCLUDE THE GREGORIAN MUSEUM OF ETRUSCAN ART & THE ROOM OF THE IMMACULATE CONCEPTION

WHAT IS _____?

ATLES
BODE
BRITISH MUSEUM

CAPITOLINE
CENTRE POMPIDOU
CHESTER BEATTY

NATIONAL GALLERY
NEUES
PERGAMON

PICASSO
QUAI BRANLY

TATE MODERN
UFFIZI GALLERY

VAN GOGH
VICTORIA AND ALBERT

```
X N A T I O N A L G A L L E R Y E L V F
M L H E R M I T A G E B M A C N P Z I N
A U C J O C V A W M S O S J I Z I B C N
Y D H H N L M W R V L D P L V M B R T E
C W E K B K T N X V T X O M E O J I O V
O I S N P J L E J M F T Q U J I J D R U
X G T S H H M U Z P I W M Q L R P U I O
T V E B O F D E L P K Z K O D E Y E A D
A A R Q R P V S A N A T L E S Y R I A I
T N B L B I E C S R C M F G Z K E V N P
E B E J O Y T R T G F Y Y F Z J L D D M
M E A O D D L I G R E H C W N A L F A O
O E T S E C H N S A I D Q L A V A Q L P
D T T S I V D L A H M F H W L I G B B E
E H Y A N B A Z O R M O H Q D K I Y E R
R O Q C R N L T Q U B U N W T D Z F R T
N V A I X R Q Y I P V I S P W P I W T N
A E Q P L L C C Z C Z R A E R P F O F E
Y N X U U N M E K X A H E U U U F Y W C
W H G O G N A V J E T N A Y Q M U U T J
```

Answers on page 139.

FICTIONAL CHARACTERS

THIS TEEN CLASSIC FROM THE '60s FEATURES BROTHERS DARRY, SODAPOP & PONYBOY	WHAT IS _____?
ON THE DAY OF HER WEDDING, SHE LEARNS THAT HER GROOM-TO-BE, MR. ROCHESTER, ALREADY HAS A WIFE	WHO IS _____?
IN "OLIVER TWIST", BILL SIKES IS AN ACCOMPLICE OF THIS GANG LEADER	WHO IS _____?
TITLE NICKNAME OF HARRY ANGSTROM, A CHARACTER IN SEVERAL OF JOHN UPDIKE'S NOVELS	WHAT IS _____?
IN "THE OLD MAN AND THE SEA", THIS FISHERMAN HAD "GONE EIGHTY-FOUR DAYS…WITHOUT TAKING A FISH"	WHO IS _____?

ARIEL
ASLAN
ATTICUS FINCH

DARTH VADER
DOROTHY GALE
GANDALF

HERMIONE
HOLDEN CAULFIELD
JAMES BOND

LEOPOLD BLOOM
MARGE SIMPSON

ROBIN HOOD
TOM RIPLEY

YOSSARIAN
ZORRO

```
E Q A D N O B S E M A J J I E A S L A N
D N O T S Q T M Y U F J R X I A G T V Y
Y U O H F C F W J I R I E H Q N R W Z A
T Z Z I Q Y A V T N O I D O V S M I V R
X O G J M M L V W Q G S A L K Q L U E C
L Z R L S R B R V B A R V D F H G J T L
P E O R K I E S R P I W H E W C O K I E
D Y X T O W G H K Z T C T N T N T L B O
V O V K H Z R A F T N S R C O I Z E B Z
Y H R X R E L V N L A V A A Z F H O A M
Q E F O X O O W S D S N D U Y S X P R J
K F L E T F B U N Y A V M L O U Z O Y A
S D I P J H S I T H F L L F X C O L O N
X G K M I Q Y K N S U R F I S I D D S E
D V E F C R P G Q H I T E E A T V B S E
K T I A P W M Y A R O D T L M T W L A Y
H I Y G H O P O S L H O E D R A K O R R
O G G I G V Z E T Y E X D R K U H O I E
M O P N C V G A S F F R B M S E F M A C
M A R G E S I M P S O N N I L C O H N N
```

Answers on page 139.

VOCABULARY

MEANING NOT SEPARABLE, IT'S THE LONGEST WORD IN THE TEXT OF THE PLEDGE OF ALLEGIANCE	WHAT IS _____?
ITALIAN FOR "UNKNOWN", IT'S HOW A PERSON IN DISGUISE MIGHT "TRAVEL"	WHAT IS _____?
SALVATION FROM SIN, OR THE RETURN OF AN INVESTOR'S PRINCIPAL	WHAT IS _____?
THIS 14-LETTER WORD MEANS TO SAIL OR FLY AROUND, ESPECIALLY AROUND THE EARTH	WHAT IS _____?
IT'S AN 11-LETTER WORD FOR COIN COLLECTING	WHAT IS _____?

ABROGATE

CACHET

COURAGEOUS

CUPIDITY

DEARTH

INCHOATE

INEFFABLE

MARTINET

NONPLUSSED

PANACHE   TACTILE   TENUOUS

SOMNAMBULISM   TANGENT   UNABASHED

```
S N W U I N U M I S M A T I C S Z B S U
C E I Q F R I N C H O A T E Q P U T U Y
U E Z E M S I L U B M A N M O S N A O L
P W T E T A G O R B A H Z N I M T N U I
I E E A Y X U T Z H U J C O W R T G N K
D E L X G Z D E F T A X F I I F B E E I
I K M B O I O U E R L C Z T N G V N T N
T A O A A B V K F A O P X P C U J T K D
Y Z Z F R F Y A Y E C T L M O D M L J I
H V P C S T F N N D N P N E G Z S M M V
D G I U O J I E A M U E P D N T W C W I
G E U E L U G N N E U N V E I S D X D S
A F S W T Q R J E I T C A R T C L M W I
T K T S I O U A G T E E R B O K G S N B
R A D E U S L V G S U I H I A N N T J L
M I C H H L M F Q E V W F C C S W K R E
L K P T W C P L A G O O I M A V H M B E
L V E V I N A N T N O U U Y W N X E S U
I D E O F L U C O Z X Y S J S B A V D Z
V G U H M X E Z V N V Y U U X B J P K A
```

Answers on page 139.

MIDDLE EAST GEOGRAPHY

THE TIGRIS AND THIS RIVER MEET NORTH OF THE CITY OF BASRA

WHAT IS _____?

RAS MOHAMMED NATIONAL PARK AT THE SOUTHERN END OF THIS PENINSULA WAS EGYPT'S FIRST NATIONAL PARK

WHAT IS _____?

THE OMANI PENINSULA OF MUSANDAM JUTS INTO THIS STRAIT, AN IMPORTANT ROUTE FOR OIL TANKERS

WHAT IS _____?

THIS CAPITAL'S OLD CITY IS DIVIDED INTO JEWISH, ARMENIAN, CHRISTIAN & MUSLIM QUARTERS

WHAT IS _____?

THIS SAUDI CAPITAL'S KAFD WORLD TRADE CENTRE RISES 994 FEET IN THE KING ABDULLAH FINANCIAL DISTRICT

WHAT IS _____?

AFRICA

ANKARA

ASIA

AZERBAIJAN

BAGHDAD

BLACK SEA

CASPIAN SEA

EUROPE

HALAB

IRAN   **ISTANBUL**   **SYRIA**
ISRAEL   **MASHAD**   **TEHRAN**

```
A F R I C A V L E A R S I K O K R U B E
P B K O D Y I S X B I Y O H Z S Z D U N
R P F Q V A F R J E R U S A L E M R Y N
S B N Y A V D J W W S Y R I A T O Y F A
A I M A A H F H C K R T H K I P S A E R
L E D P J A J P G H L H N I E N R F G H
U I V Y E I U M H A Z O B T L A H P Z E
S R R K U E A N A A B B X B K M E U N T
N A Z O A U G B T S G P N U N M A B E
I G N P N P A A R N H D A I S R R J M A
N R W G M H O S O E A A R T O I I C E H
E L I S T R G A I E Z H D H T G A S H A
P U G M E A O D I A O A F F B Z K F A L
I B C Y D T L X S K I O D T S C K I H A
A N X A C E Q P G I T Z N T A X T B M B
N A B U P S H M H I G F J L Y O J B E M
I T F U S A I B A J Q O B K D H A Y I R
S S F S T Y X R E F I D Z E O M B J V D
Z I I Q I V T C R E E Y O A Z O T O H W
E Z Q S Y S J W A E S N A I P S A C Y D
```

Answers on page 140.

ROMANS

A FUNNY THING MIGHT HAVE HAPPENED ON THE WAY TO THIS CHIEF MARKETPLACE OF ROME

WHAT IS _____?

THE ROMANS DIDN'T USUALLY USE THESE VEHICLES IN BATTLE; THEY WERE RESERVED FOR THE VICTORY PARADES

WHAT ARE _____?

FOUNDED BY THE ROMANS AS AQUAE SULIS, THIS BRITISH CITY IS STILL A POPULAR HEALTH & HOLIDAY RESORT

WHAT IS _____?

IN 202 B.C. SCIPIO WENT TO AFRICA TO DEFEAT THIS MAN IN THE FAMOUS BATTLE OF ZAMA

WHO IS _____?

FROM THE LATIN FOR "MOB", IT WAS THE TERM FOR THE LATIN SPOKEN BY THE MOBS OF UNEDUCATED ROMANS

WHAT IS _____?

AUGUSTUS	CLAUDIUS	GREEK
AURELIAN	CLEOPATRA	HADRIAN
CAESAR	DIOCLETIAN	IMPERIUM

LATIN   MILAN   RAVENNA
MARK ANTONY   NERO   REPUBLIC

```
M Z A T V D T R W N A Z D A A Z M Q J M
H D I O C L E T I A N K Z U C I V V A U
Q X G T O Z I V B U C Q G H L S L R O M
A N N E V A R O Z M D U S A N F K F E V
O G I I S V Q O Z I S U N I B A M R Q J
S W S D L L R C V T I W T Y N I X P W C
Y L T Q D C M P U D F A T T U M G Q R J
Y J P S W Q L S U O L M O N C P I Y P B
N F X H J C N A B U F N F M I E L C O Y
X J C N G O L L G F Y S B U L R A Q V N
U J L K A C Q J N K P L F R B I B V U U
O S E V M I U B F I E I R O U U I S L G
H A O E Q N R N C Q H E A F P M N H G Y
K H P R D U H D A A V S R W E H N Q A O
K U A F M S J D A I E U J G R V A O R M
R V T G V R O G P H L S R J V H H B R V
M T R E H U C T R V E E A W S N W M G E
N A A Y H J E E M P X E R R E E B H L M
M Y R Q D B A T H J T F E U H R W X I Y
S D Z F R S T O I R A H C Y A O Y T N Q
```

Answers on page 140.

EMPIRES

A SUPERPOWER IN THE MIDDLE AGES, THIS EMPIRE ENDED IN 1806 WHEN ITS LAST MONARCH LOST TO NAPOLEON

WHAT IS _____?

IN THE 20th CENTURY THE SUN FINALLY SET ON THIS EMPIRE THAT AT ITS PEAK INCLUDED ⅓ OF THE WORLD

WHAT IS _____?

FOUNDED BY CYRUS THE GREAT, THIS EMPIRE CONQUERED PARTS OF ASIA, AFRICA & EUROPE

WHAT IS _____?

FROM ITS CAPITAL CONSTANTINOPLE, THIS EMPIRE REMAINED A WORLD FORCE FOR MORE THAN 1,000 YEARS

WHAT IS _____?

THE CANARY ISLANDS ARE JUST ABOUT ALL THAT'S LEFT OF THIS EMPIRE THAT ONCE HELD MUCH OF THE AMERICAS

WHAT IS _____?

AZTEC

EMPIRE OF JAPAN

LATER ZHAO

MACEDONIAN

MAYA

MING

MONGOL

OTTOMAN

PARTHIAN

QING   TANG   TIMURID

SAMANID   TIBETAN   WESTERN JIN

```
N D H R S X C Z Z Q P I W F N J G T F R
A B M E G G C O D Y M U J C U D G U M J
I R E M H Z F U A Q I Q R C P D N E M
N Z N P V Y U E E A X I N R A K O N A F
O E O I H J X W V I G F J G B C L U S T
D L E R U R U P E R S I A N E M P I R E
E A W E Y O L F L B W G Y B Z F J E O E
C T Z O V Q I T A Z T E C Z N Z L R B M
A E N F R M X Q T H D R O R O F A I L Q
M R A J S P A N I S H E M P I R E P L G
X Z T A W G N R O T T O M A N M L M M P
G H E P D J S I H D I R U M I T J E O L
A A B A J A B M J O W N E A R A I H L Q
H O I N M D O F F N L Z K H S Y W S Y I
B K T A Q N Q W V P R Y L Q F A V I U N
V B N I G Z I H N Z Z E R Z I M A T I G
A I Y O Q M Z X A G I V T O R Z E I E W
D S L G J B E V H T H D M S M G S R K E
D I R K G E N I T N A Z Y B E A V B G Q
L M W N A I H T R A P P X I T W N I F B
```

Answers on page 140.

FROM THE LATIN

THIS TERM FOR A MEDICAL INSTITUTION IS FROM THE LATIN FOR "OF THE GUEST"

WHAT IS _____?

FROM THE LATIN FOR "ASSEMBLY", IT'S A RELIGIOUS COMMUNITY OF NUNS

WHAT IS _____?

FROM THE LATIN FOR "4-FOOTED", IT'S AN ANIMAL WITH 4 FEET

WHAT IS _____?

THIS WORD, AN OFFICIAL ANNOUNCEMENT, AS IN THE EMANCIPATION ONE, COMES FROM THE LATIN "TO CRY OUT"

WHAT IS _____?

DERIVED FROM PLANT & ANIMAL WASTES, THIS ALT. ENERGY SOURCE'S NAME IS FROM LATIN FOR "LIVING CAKE"

WHAT IS _____?

ALTITUDE	BONANZA	CLAVICORN
ANCIENT	BONUS	LONGITUDE
ANTIQUE	CASINO	NOVEL

NOVICE   **PRIMARY**   **TERRAIN**

PICTURE   **PRIMITIVE**   **VILLAGE**

```
A P R W Y V Y T P F G C S H Q B D P J O
I M E G Y R H V V R E D A H O C S B W X
Q A B O A B I G P Z I J R S X M Z X E J
W P I M L L C X I N D M T D I V I Q L B
E V I M L M V T U T R H I N V N D A O W
T R O A K E Z O L N Y O U T V D O U N M
P X G S G D X X S X J N C U I X S W G A
R E D E P U R D A U Q O D I V V X D I N
S N G K F T N C Y P L I L Y V R E R T T
N O V E L K O Y Z E Q T I K C A X K U I
L B J P O N A K D F S A G M I I L A D Q
A D X Y V R D U Y S I M I B U O L C E U
T Q H E M C T K A I K A E R U T C I P E
I M N Z P I H M J X M L C I R F T Z H J
P T S E T H O D J M Y C G M W Z E R Q E
S S T L Q I J I S T T O J E J L R L H C
O Q A K B W W V Y U L R H X O G R X T I
H T A N C I E N T Q N P E P N W A I E V
C N T Q A Z N A N O B O S C Q R I R J O
T Q P A M E Y V R M J L B W X K N U W N
```

Answers on page 141.

TECHNOLOGY OF THE PAST

DATING BACK TO 3000 B.C., THESE WERE ONCE MADE WITH BEESWAX; BY THE MIDDLE AGES TALLOW WAS IN USE	WHAT ARE _____?
THIS IMPLEMENT AMAZED FOREIGN VISITORS WHEN IT GAINED ACCEPTANCE WITH DINERS IN 16th CENTURY ITALY	WHAT IS _____?
ORIGINATING IN ASIA AROUND 200 B.C., THIS SADDLE ATTACHMENT INCREASED THE MILITARY VALUE OF HORSES	WHAT IS _____?
ONE OF THESE BUILT IN 50 A.D. WAS STILL DELIVERING WATER TO SEGOVIA, SPAIN IN 2014	WHAT IS _____?
THE EARLIEST MAN-MADE EXAMPLES OF THIS SILICA & BORATE MATERIAL WERE BEADS MADE IN THE 1500s B.C.	WHAT IS _____?

BETAMAX	GAS LAMP	MAGNETIC TAPE
CASSETTE	KETTLE	MORSE CODE
CD	LASER DISC	PHONOGRAPH

RADIO **SLIDE PROJECTOR** **TROLLEY**
ROPE **TELEGRAPH** **VHS**

```
Q Q H P A R G O N O H P T K E O I F J P
N S H L K S N H X A V C Y E U Q F I V M
E T X K A B Q S I T U B V P F Q P W J A
T I P M P H P V E D E N P A H Y Y C J L
T R W Y F V B L E T O W Q T S G G E D S
E R H B Y Q E U A Z L P G C T X X V A A
S U K Y P G Q M S F Y D L I L K T P X G
S P Q C R A A V L A L F N T Y R R V I R
A U M A F X P G I O P K I E S P O L S Y
C H P O E W U F D Z N I Q N S K L B O N
U H R T W F L I E O M W S G A X L F F Y
O K F S S L A X P Z A O V A L F E R D O
H I L W A Q S L R A V M R M G Z Y F P B
R F D U N H E I O V C X N S A U J K U R
A B K A L V R L J K L A M L E P I I V P
L N W P R J D A E C E H N K T C C K H M
W Y D H S V I G C I H T B D V J O I S S
R O P E R F S E T Q I W T W L C U D B H
F F C V X P C A O N A H X L T E U V E H
A K I K C F W H R Z U A S M E Q S I I O
```

Answers on page 141.

WOMEN IN HISTORY

KING HENRY VIII's FIRST WIFE, CATHERINE OF ARAGON, WAS THE DAUGHTER OF THIS FAMOUS QUEEN

WHO IS _____?

BEFORE SHE WAS FIRST LADY, THIS WOMAN FROM NEW ENGLAND WAS THE WIFE OF THE FIRST U.S. VICE PRESIDENT

WHO IS _____?

AN AGE WHEN SHAKESPEARE WROTE & ENGLAND GAINED POWER IS NAMED FOR THIS QUEEN

WHO IS _____?

THIS 19th CENTURY WOMAN BOASTED, "I NEVER RAN MY TRAIN OFF THE TRACK AND I NEVER LOST A PASSENGER"

WHO IS _____?

HER FINDINGS ON PESTICIDES IN THE BOOK "SILENT SPRING" SPARKED THE ENVIRONMENTAL PROTECTION MOVEMENT

WHO IS _____?

AMELIA EARHART

ANNE FRANK

ANNIE OAKLEY

CATHERINE THE GREAT

CLARA BARTON

ELIZABETH CADY STANTON

HEDY LAMARR

HELEN KELLER

JANE ADDAMS

JOAN OF ARC
MARIE CURIE

MOTHER TERESA
QUEEN ANNE

SACAGAWEA
SUSAN B. ANTHONY

```
Y T C N A M J O A N O F A R C J N C V A
X Y R O I T S M A D D A E N A J O F D Y
I I R T D R H Q L T B C A M L X T A W P
P N A R G A H Z B U C M W R H A N N W D
G L M A Q H A E Y M A K U N F M A N O P
U J A B U R R F M O T O Z O P A T E X R
E J L A E A R Y C T H F Y I O E S F A E
C D Y R E E I Y Z H E U N D X W Y R N N
K S D A N A E N R E R K B R R A D A N I
I M E L A I T O P R I F T A E G A N I S
H A H C N L T H P T N M E C L A C K E A
T D D L N E U T X E E A G H L C H B O B
E A E U E M B N X R T R D E E A T F A E
B L P L C A M A A E H I F L K S E B K L
A I Z B F Z A B Q S E E O C N R B Z L L
Z A Y L C F N N X A G C W A E E A I E A
I G K Z Y T O A L Y R U S R L G Z X Y Q
L I C P D H I S C X E R A S E Z I G X J
E B K V I N X U I G A I W O H X L T W W
J A O K D S B S Y I T E C N E Z E G S V
```

Answers on page 141.

THE BODY HUMAN

THIS JOINT CONSISTS OF 8 CARPAL BONES

WHAT IS _____?

DURING SWALLOWING, YOUR EPIGLOTTIS PREVENTS FOOD FROM ENTERING THIS, THE WINDPIPE

WHAT IS _____?

WITH A NAME LIKE AN ORCHESTRAL DRUM THE EARDRUM IS ALSO KNOWN AS THIS MEMBRANE

WHAT IS _____?

BLOOD IS CARRIED TO & FROM THE HEAD BY THE CAROTID ARTERIES & THESE PRINCIPAL NECK VEINS

WHAT ARE _____?

THIS PANCREATIC HORMONE IS PRODUCED IN SPECIALIZED CELLS IN THE ISLETS OF LANGERHANS

WHAT IS _____?

ABDOMEN   **CRANIUM**   **KNEES**
BRAIN   **EAR**   **MOUTH**
CHIN   **FLEXOR**   **NEURONS**

PELVIS **THIGH** **TOES**
TEETH **THYROID** **TONGUE**

```
P F D A B D O M E N J N I W T K T H P P
H P L Y O O Z A A L U T T T T O L Y F X
I E R N W X J X C L B O O D R H E M M S
H P C I N I L U S N I I N D I A I S U V
T W K A G F H O T O G G G B E O C G R B
A E L R B D C R F J S I U F Z Y R H H I
S T N B R C X I M Z V Q E D Y Z X Y E W
K E J T U P G J N Y V R Z E Y I R K H A
P E S E N Q N R V A P E L V I S J I C T
P T N Y I M E X A K P L M P Z K S E G J
D H I A H G U N K E Q M Q L N P Q T V J
R M E N C Q R C G R M Q Y N G V J H L D
A X V N D S O I V S Y F R T N M Z R X V
U Z R X Y Y N K E R L D J E Y W C C D R
T Z A D E U S E S E Y L O J W R S A V F
G W L H T Q N L X A N A O R A F J K T S
M F U Q U K C O P L E Y I N C O M O L B
V P G M Q Y R P D Z U S I M Z P C H U A
T X U P H T U O M M T U R A I H J S S R
Q T J K U F E K R M M X J R K B Y B Q L
```

Answers on page 142.

IT'S THE MUSICAL IN WHICH FANTINE SINGS "I DREAMED A DREAM"

WHAT IS _____?

SHE WROTE 16 NEW SONGS FOR THE MUSICAL "9 TO 5" THAT CLOCKED IN ON BROADWAY IN 2009

WHO IS _____?

IN 1983 A NY THEATER WAS RENAMED FOR THIS PLAYWRIGHT OF "BRIGHTON BEACH MEMOIRS"

WHO IS _____?

THIS JONATHAN LARSON MUSICAL WAS LOOSELY BASED ON THE OPERA "LA BOHEME"

WHAT IS _____?

EVERYONE IS A SUSPECT IN THE MUSICAL BASED ON DICKENS' UNFINISHED TALE "THE MYSTERY OF" THIS MAN

WHO IS _____?

ACTOR	**DRAMA**	**IMPROVISATION**
COMEDY	**DRAMATURG**	**LIGHTING**
DIRECTOR	**FRESNEL LENS**	**LIMELIGHT**

MAKE-UP	PLAYWRIGHT	SOPHOCLES
MUSICAL	SET	STAGECRAFT

```
E D W I N D R O O D Q E S K P S Z M O C
Q E R O T C A A C X Q N T S N I D I W Q
K J B I J K N Z T U L X O H O L S G R
Z X L C U C I R U F F P I V L G O R T K
P P L G R C O P A M S T E L U P U Q L Z
L G D E X U M R M K A L Y B H T S I F U
A K N N Z U C B C S I P H O A W E S T Q
Y T M D U E P N I G A G C M C W L W X X
W Z O I G U K V H R P L A O D X B O Q J
R B L A E C O T T J E R E V C X A P M Y
I B T K W R I O M S D R X S P D R N U D
G S A M P N N L I M E L I G H T E Y S E
H M H M G K M Y G X I A D Z Q Q S D I M
T A I M Y N H F C Y C A M T V D I D C O
R O S N E L L E N S E R F A B T M W A C
Q W W Y G W M D O J A M O K R Z S Q L S
Y F I W R T T D Z V M T B V H D E L R W
D I R E C T O R C V R L E H Z O L D A Q
W E U X P W J N O M I S L I E N X Q E N
M R C B T W L L W C K Y S E T M V V C E
```

Answers on page 142.

THE FIRST EDITION OF HIS "DIET REVOLUTION" WAS A BESTSELLER BACK IN 1972

WHO IS _____?

NEUROSURGEON EBEN ALEXANDER RECOUNTS HIS NEAR-DEATH EXPERIENCE DURING A COMA IN "PROOF OF" THIS

WHAT IS _____?

THIS SHERYL SANDBERG BESTSELLER IS SUBTITLED "WOMEN, WORK, AND THE WILL TO LEAD"

WHAT IS _____?

SEBASTIAN JUNGER TOLD "A TRUE STORY OF MEN AGAINST THE SEA" IN THIS BESTSELLER

WHAT IS _____?

"WAR ADMIRAL" & "ALL FOUR OF HIS LEGS ARE BROKEN" ARE CHAPTERS IN THIS BOOK BY LAURA HILLENBRAND

WHAT IS _____?

"BEING MORTAL"
"BLINK"
"FREAKONOMICS"

"GUNS, GERMS, AND STEEL"
"HOMO DEUS"
"HUNGER"

"IN COLD BLOOD"
"INTO THE WILD"
"INTO THIN AIR"

"OUTLIERS"   "SILENT SPRING"   "THE TIPPING POINT"
"SAPIENS"   "THE DOUBLE HELIX"   "THREE WOMEN"

```
S D M X D T F R E A K O N O M I C S C P
I A G Q M Y N V Z D G D F G Q J K T A F
L L U D B N J I T Q E A Z F Y A N I L X
E E N K L S T I O N E Z Q V U I I U L Z
N V S M G I D I Z P E Y C J V N L C Z Q
T P G R O K W I N N G M G W A W B S S R
S C E O R U R E C C M N O V D G R I N Y
P V R T I I T Q H R O I I W Q T T B E D
R Z M S A X A L B T E L M P E U F A I T
I Z S T N D I V I E O G D T P E W E P I
N E A C I D V O I E I T N B O I R S A M
G K N E H Y G I C S R N N U L H T H S V
Q L D F T G W T S O N S G I H O B E T C
W M S R O L X E R C D C I M H A O V H A
P Q T E T B L S N M D N G E O T U D D T
X Q E P N N Q P U V S B V E L R G G X E
K C E E I M X P S U E D O M O H T F D U
Z Q L H D R A T K I N S U K U S B A R P
L C X T X I L E H E L B U O D E H T L D
L E A N I N T N E V A E H W X N D G V C
```

Answers on page 142.

PURE FICTION

IT'S THE 1902 TALE OF A TRIP UP THE CONGO RIVER IN SEARCH OF AN IVORY TRADER	WHAT IS _____?
THIS CLASSIC BY ALDOUS HUXLEY TAKES PLACE IN THE YEAR 632 A.F. (AFTER THE BIRTH OF HENRY FORD)	WHAT IS _____?
IN "FLOWERS FOR ALGERNON", ALGERNON IS ONE OF THESE	WHAT IS _____?
THE SON OF A ZOOKEEPER IS STRANDED ON A LIFEBOAT WITH A ZEBRA, HYENA & TIGER IN THIS 2002 BOOK	WHAT IS _____?
MURDERED BY HER NEIGHBOR, SUSIE SALMON TELLS HER STORY FROM HEAVEN IN THIS ALICE SEBOLD BESTSELLER	WHAT IS _____?

"ALL SOULS"   "GILEAD"   "SKINNY LEGS AND ALL"
"CLOUD ATLAS"   "IMAGINE ME GONE"   "THE GOLDFINCH"
"EMPIRE FALLS"   "LESS"   "THE HOURS"

"THE IDIOT"   **"THE POISONWOOD BIBLE"**   **"TINKERS"**
"THE OVERSTORY"   **"THE ROAD"**

```
Y S W S P X Q K L Q H X T I A X G Y Y A
F S W S Y O X F F G H Z R Z Y J I N N O
U E I E O F B D T I N K E R S K V M K T
U N Q L S E N O B Y L E V O L E H T A H
G K Y R O T S R E V O E H T F M F Q J E
H R Z Q N W U T M V T H E H O U R S X R
F A C D L R O W W E N E V A R B W Z Q O
O D F P L R D A E L I G S M K U Z M Y A
T F A A P T F E D D H D N I T M H U E D
I O E L B I B D O O W N O S I O P E H T
P T S S K D P I W X S L U O S L L A S H
F R A W A D W H N N G O T R O J I T G Y
O A L C T O I D I E H T F F B Q R R Y O
E E T Y A V N P E L I S D U W N B H M A
F H A G N K T H E G O L D F I N C H I E
I U D F S K I N N Y L E G S A N D A L L
L R U E M P I R E F A L L S B Z I R M C
K K O I M A G I N E M E G O N E I T H N
W Q L G Z T L U E Z C I N O A V O W D Y
A H C S Q V M O U S E E Q R Y Z S X V I
```

Answers on page 143.

PULITZER PRIZE WINNERS

THE "COMPLETE POEMS" OF THIS "CHICAGO" MAN TOOK THE 1951 PRIZE	WHO IS _____ ?
IN 1928 THIS PLAYWRIGHT PAUSED TO WIN WITH A "STRANGE INTERLUDE"	WHO IS _____ ?
IN 1938 THIS PLAYWRIGHT'S "OUR TOWN" HAD SOME PULITZER WITH THE VOTERS	WHO IS _____ ?
IT WAS "A DELICATE BALANCE" THAT WON THIS PLAYWRIGHT THE PRIZE IN 1967	WHO IS _____ ?
"HUMBOLDT'S GIFT" EARNED THIS AUTHOR THE GIFT OF A PULITZER	WHO IS _____ ?

ALICE MCDERMOTT　　**ELLEN REID**　　**JOHN CHEEVER**

CAROL SHIELDS　　**FORREST GANDER**　　**JOHN HERSEY**

DON DELILLO　　**JHUMPA LAHIRI**　　**JOY WILLIAMS**

LINDA HOGAN
RICHARD POWERS

```
I  L  I  N  A  G  O  H  A  D  N  I  L  P  S  M  A  R  S  I
D  O  N  D  E  L  I  L  L  O  O  N  D  W  O  O  Y  K  R  G
M  N  C  D  Q  R  Z  B  V  O  D  K  M  N  S  Y  C  L  E  I
O  S  R  E  V  E  E  H  C  N  H  O  J  F  P  C  W  L  D  U
K  H  G  D  D  G  D  P  E  K  G  L  F  V  R  F  D  L  L  Q
J  H  U  M  P  A  L  A  H  I  R  I  H  O  E  O  F  I  I  C
X  A  Z  Q  K  T  N  D  D  Y  W  N  O  G  J  G  O  E  W  A
E  A  Y  A  L  I  C  E  M  C  D  E  R  M  O  T  T  N  N  R
A  C  F  W  O  L  L  E  B  L  U  A  S  H  B  E  X  O  O  L
E  B  N  L  W  T  N  I  L  L  K  K  Y  D  A  F  M  E  T  S
R  S  M  A  I  L  L  I  W  Y  O  J  V  Z  L  X  T  N  N  A
E  I  M  Y  L  U  O  B  S  P  Q  K  H  J  U  V  B  E  R  N
K  Y  P  D  K  O  E  L  I  U  Q  H  F  V  Z  K  L  G  O  D
H  E  D  W  A  R  D  A  L  B  E  E  J  F  M  A  S  U  H  B
T  S  D  L  E  I  H  S  L  O  R  A  C  L  B  X  T  E  T  U
Y  C  X  T  J  O  H  N  H  E  R  S  E  Y  Y  M  C  K  D  R
A  P  A  E  I  S  R  E  D  N  A  G  T  S  E  R  R  O  F  G
F  I  N  R  I  C  H  A  R  D  P  O  W  E  R  S  I  B  W  E
K  L  B  H  S  O  E  L  L  E  N  R  E  I  D  F  L  E  Q  M
D  F  H  A  D  Y  U  T  Q  A  B  E  G  Q  I  X  E  D  K  W
```

Answers on page 143.

WEIGHTS & MEASURES

TERM FOR ⅟₃₆ OF A YARD

WHAT IS _____?

THIS METRIC UNIT IS EQUIVALENT TO 1.057 LIQUID QUARTS

WHAT IS _____?

COMPUTER HARD DRIVES ARE USUALLY MEASURED IN GBs, WHICH ARE THESE

WHAT ARE _____?

TO THE ANCIENT GREEKS, 4 OF THESE MADE A PALM

WHAT ARE _____?

TO CORRECT MEDIEVAL ABUSES IN TRADE, THIS 1215 DOCUMENT STANDARDIZED MEASUREMENTS FOR WINE & GRAIN

WHAT IS _____?

ACRE

CENTIMETERS

FOOT

GALLON

GRAM

KILOGRAM

MILLIMETERS

OUNCE

PINT

POUND   **TABLESPOON**   **YARD**

QUART   **TON**

```
A R Q N X N J I W G X D R B K K T I L L
N W A T R A C A N G A M D F S P N J W P
X O B F D R N Z I I R Z G E S C S C U S
A C T N K E D U Y A R D K G H L A J R G
I U U T N T Y Y W W C T F E B H G E R S
S O O Z O I T U R N X N B C M I T Q E R
P O Y G G L Q K P T K P N W G E N E L E
F R U K I L O G R A M S T A M E B B Y T
N G U E D A S D P B N F B I V R B R U E
T O A E C N U O I N L Y L D B C R Y S M
X L O L R I W W N N T L W C Q A I X I I
I L J P L K V N T E I U E S F Y G Q P T
T H S F S O L K S M S A O P L M D X I N
A O B N J E N O F O L T O F H F Y O K E
Q Z T T A L L F H Z K P H I A B G H Q C
B E Q Y R Z K B A Q Q G H N V S G R D M
X E V C Y A Y Y A H C V G L H C Z A N
C G E K P R U A Z T P R D E W D E I W M
C Z R C N P A Q Y U Z H I R J Y Z V K S
W C J F J I J D K R J E E S W S W O W C
```

Answers on page 143.

FRENCH COOKING

THIS PAPER-THIN CREATION, WHETHER SAVORY OR SWEET, MEANS "PANCAKE" IN FRENCH	WHAT IS _____?
A FROZEN CUSTARD MADE WITH EGG YOLKS, SUGAR, WHIPPED CREAM & A FRUITY FLAVORING IS A FRENCH THIS	WHAT IS _____?
THIS SPECIALTY OF ALSACE & PERIGORD IS GOOSE LIVER MARINATED IN PORT & SEASONINGS	WHAT IS _____?
THIS SEAFOOD STEW OF MARSEILLES WAS ORIGINALLY COOKED ON THE BEACH BY FISHERMEN	WHAT IS _____?
AS THE NAME SAYS, THIS CLASSIC DISH IS CHICKEN COOKED IN RED WINE	WHAT IS _____?

BÉCHAMEL
BISQUE
CASSOULET

CHAMPAGNE
CROQUE MONSIEUR
ECLAIR

ESPAGNOLE
HAUTE CUISINE
MACARON

POT AU FEU
QUICHE

STEAK FRITES
TERRINE

VELOUTÉ

```
P  W  U  A  M  P  P  M  C  T  Q  C  Z  M  T  W  W  X  N  T
Y  U  E  C  V  F  D  S  S  G  C  S  X  T  G  U  E  Y  E  A
X  J  F  Z  S  C  X  V  M  G  S  E  H  C  I  U  Q  I  S  R
R  R  U  T  N  E  R  T  A  C  B  G  P  S  A  Y  J  R  S  E
R  V  A  I  E  I  N  O  T  F  O  I  E  G  R  A  S  V  I  T
C  S  T  N  C  R  V  I  Q  E  U  L  K  E  O  U  A  Z  A  U
A  D  O  A  Q  N  R  U  S  U  Y  I  E  I  P  T  B  K  B  O
S  G  P  F  V  B  B  I  A  I  E  Z  Q  C  Z  E  T  K  A  L
S  D  E  W  L  N  U  L  N  Q  U  M  K  J  M  X  R  E  L  E
O  S  Q  V  T  H  L  D  B  E  O  C  O  T  B  L  A  C  L  V
U  C  H  A  M  P  A  G  N  E  S  C  E  N  I  I  N  C  I  W
L  W  B  I  W  W  X  N  E  M  E  N  I  T  S  A  E  Y  U  I
E  P  T  O  J  E  H  W  M  A  U  S  B  V  U  I  F  Z  O  B
T  L  E  M  A  H  C  E  B  C  U  R  P  I  N  A  E  R  B  Y
B  A  Q  Z  S  K  T  N  A  T  E  N  A  X  F  H  U  A  G
I  Z  C  Q  E  N  T  V  G  R  M  N  F  W  G  F  J  A  R  P
S  Y  S  X  Q  O  Y  Y  P  O  Y  Q  I  A  C  N  Y  E  D  D
Q  L  N  V  B  Y  N  L  C  N  X  G  T  S  V  G  O  B  D  T
U  S  E  T  I  R  F  K  A  E  T  S  I  I  G  L  Z  L  G  T
E  E  C  L  A  I  R  S  E  K  A  K  S  E  V  W  N  O  E  P
```

Answers on page 144.

SCI-FI MOVIES

JAMES CAMERON'S 2009 BLOCKBUSTER FILM "AVATAR" IS SET ON THIS PLANET	WHAT IS _____?
IN "STAR WARS: SKYWALKER RISING" ACTOR ADAM DRIVER REPRISES HIS ROLE AS THIS GRANDSON OF DARTH VADER	WHO IS _____?
CHARLIZE THERON TOOK A PERILOUS PATH AS IMPERATOR FURIOSA IN THE 2015 MAD MAX FILM SUBTITLED THIS	WHAT IS _____?
AMY ADAMS USES HER LINGUISTIC SKILLS TO DECIPHER AN ALIEN MESSAGE IN THIS 2016 "FIRST CONTACT" FILM	WHAT IS _____?
SANDRA BULLOCK & GEORGE CLOONEY WERE A BIT BEYOND ITS PULL IN THIS 2013 OUTERSPACE DRAMA	WHAT IS _____?

"ALTERED STATES"   "GATTACA"   "LOOPER"

"CHILDREN OF MEN"   "INCEPTION"   "MOON"

"EX MACHINA"   "JURRASIC PARK"   "PLANET OF THE APES"

"ROBOCOP"   **"THE FIFTH ELEMENT"**
"SOLARIS"   **"THE MATRIX"**

```
G R J L B S K M X D X V W L B U A E L F
T N E M E L E H T F I F E H T L Y R O C
R E Q J M S M F D J N A T W T S G V K H
P S K F Z M U T J W M T L E S U R W R I
Y T C W H S P G H T H K R X E M A P A L
O M O O N O A H N E S E R H P F V A P D
S R A Y C C G A M L D L L A S Q N C R
H Q A O K R O A A S U O P Y E I K D I E
Q B B R A X T H T P O L N O H R L O S N
U O F V T R O A P N Z E W T A M R A O
R G I S I X T U E W V T R F F L W A R F
E T Q X D E A R H H M C O U O O G D R M
Y V M N S U C S V G B H L R T S S F U E
P D A N I H C A M X E N Y Y E K S L J N
D W U G A R R I V A L H K R N M Q Q K W
D A H O S V K T U X E H L O A B H O O R
S L H F V X P U T G N F F A L B V N Y L
W C H U M B N O Y F W C L D P S T A O N
I Q P H H C C A C A T T A G S E A G V Y
X L T N G P U G H R I N C E P T I O N D
```

Answers on page 144.

COLLEGES & UNIVERSITIES

THIS UNIVERSITY IN NEW YORK CITY THAT WAS FOUNDED AS KING'S COLLEGE IN 1754 USES A CROWN AS ITS LOGO

WHAT IS _____?

THE SOUTHERNMOST UNIVERSITY OF CALIFORNIA CAMPUS BEARS THE NAME OF THIS CITY

WHAT IS _____?

EVANSTON RESIDENT REBECCA HOAG WAS THE FIRST FEMALE STUDENT TO ENROLL AT THIS ILLINOIS UNIVERSITY

WHAT IS _____?

ROBERT FROST TAUGHT ON & OFF FOR OVER 40 YEARS AT THIS MASS. COLLEGE IN EMILY DICKINSON'S HOME TOWN

WHAT IS _____?

THIS HISTORICALLY BLACK COLLEGE WAS FIRST FOUNDED AS THE ATLANTA BAPTIST FEMALE SEMINARY IN 1881

WHAT IS _____?

AUBURN	BROWN	HARVARD
BOWLING GREEN	CORNELL	HOWARD
BRADLEY	DUKE	MIT

OBERLIN	**RUTGERS**	**YALE**
PRINCETON	**STANFORD**	
PURDUE	**TUFTS**	

```
N H N J R S O O B H J F X H A R V A R D
R B S Q H M I T T Z Y B Q C K T N U B I
E M R T I O K A U B U R N Y T A A W C S
T P N O A V M W S K B V E U M Q F U F R
S U E V W N N G V Y A Q U L S H X Y E E
E R P Z K N F X T F V G E D T V C G C G
W I Q E N L D O L C T P P N O J E H U T
H M K T R B B R R G S R T H U L B H Q U
T Z E N G R R L V D I Q A S L K Q Q U R
R H K F A F L N F N E E C O I L Q X F A
O S V D W I H I C L Q D C E K Q S S T S
N D L H S O Z E L R G T M M Q T O F U F
J E D R W A T E P T S E H D D Y A Q F C
Y Y K A X O N Y O R L O N P J A S Q T O
E K R V N R D I E A I R P I L B T P S L
N D X D O U P H Y C A V K W L D S Q D U
X P O C K P M E U S U D S G Q R R P N M
R W J E M A I Y F S Z S H B S Z E B T B
L N E E R G G N I L W O B W O Z Y B C I
A J S A N D I E G O K C E U D R U P O A
```

Answers on page 144.

41

INVENTORS & INVENTIONS

IN 1949 ED SEYMOUR INVENTED THIS WAY OF DISPENSING PAINT; ALUMINUM WAS THE FIRST COLOR

WHAT IS _____?

IN 1812 THE U.S. CONGRESS DENIED HIS PETITION FOR THE RENEWAL OF HIS PATENT FOR THE COTTON GIN

WHO IS _____?

IN 1893 HE BUILT THE BLACK MARIA, THE FIRST BUILDING DESIGNED TO MAKE COMMERCIAL MOTION PICTURES

WHO IS _____?

IN 1855 JOSHUA STODDARD PATENTED THIS MUSICAL INSTRUMENT ASSOCIATED WITH CIRCUSES & MERRY-GO-ROUNDS

WHAT IS _____?

THIS TYPE OF ROAD SURFACE POPULAR ACROSS EUROPE IN THE 19th CENTURY WAS NAMED FOR A BRITISH INVENTOR

WHAT IS _____?

APGAR SCORE

BALLPOINT PEN

CHEESE SLICER

COFFEE FILTER

ETHERNET

GAMMA CAMERA

GAS TURBINE

INSTANT NOODLES

LASER

REFRACTOMETER
STEREO
STOP-MOTION FILM

THERMOS
TRANSISTOR
WATERBED

WIND-UP RADIO

```
B P T E Z J E I V C A L L I O P E A H R
O G Q R G P A U X N U U Q S J I U O E E
G A W O P Z J Y Y L K Y T E T V E L P T
V S A C I Y H J U O T O O H W R I J Y L
N T T S C D U A E E P I O E E W J G F I
D U E R K L N J N M D M R T H O H I Y F
N R R A N P U R O A A E S I A R M Z E E
A B B G P Y E T R S T E T S A S E Q K E
C I E P N H I P E E Q N Q Y O W U I L F
Y N D A T O U D M T E T B D I M X L G F
A E B E N D I O V Y V I I L Y A R T R O
R Y K F N S T G O J G K G N H H H E P C
P B I I O C R E C I L S E S E E H C H B
S L W N A N C I K I N T M A C A D A M T
M J L R N E P T N I O P L L A B V X W F
Z C F R E I L G A M M A C A M E R A V E
W E U A G R E S A L U P R S Z H Q R K R
R M F L U Y X G Y D T R A N S I S T O R
Y W N R S B T H C O B X B T W V R K Q G
W Z I N S I N S T A N T N O O D L E S N
```

Answers on page 145.

TRANSPORTATION

THE MAIN ATTRACTION OF THE EVENT CALLED MONSTER JAM IS WATCHING THESE VEHICLES	WHAT ARE _____?
BASED ON BANANA-HANGING HOOKS, IT WAS INVENTED IN 1936 TO TRANSPORT SKIERS AT SUN VALLEY, IDAHO	WHAT IS _____?
IN 1832 THE USA's FIRST HORSE-DRAWN STREETCAR BEGAN DRIVING UP & DOWN THE BOWERY IN THIS CITY	WHAT IS _____?
THE TRANSPORT FOR A 19th CENTURY DOUBLE DATE MIGHT HAVE BEEN A BAROUCHE, ONE OF THESE	WHAT IS _____?
THIS MATERNAL TERM FOR A VESSEL THAT GUARDS OR SERVES SMALLER ONES IS OFTEN USED IN SCI-FI	WHAT IS _____?

BICYCLE   **COMMUTE**   **HELICOPTER**
CAR   **ENGINE**   **LIMOUSINE**
COMBUSTION   **FUNICULAR**   **MAGLEV**

MOTORCYCLE **STEAM ENGINE** **VEHICLE**
RAIL **SUV**
SCOOTER **TRAIN**

```
D N S T T A F E C Y B S H F Z K C Z U P
P P E R Q S R R D A V W T T T O T D J R
I I N U A T T V P L B K M W M F N J V Q
S H Z C F E B L K Z O A Z B I T N C W N
T S M K K A L L N T G G U L N I B O D I
E R Q S V M O J Z L M S R G A K R M V P
L E N X K E L O E C T I E R I Z K M A O
C H V G J N I V L I A L T L S J X U P W
Y T Y U Z G A U O H A B Q Q R J W T M V
C O E T S I R N C M W R A C W H B E X H
R M L V U N M X E N E W Y O R K C I T Y
O D C Q E E N R O Q E J E G Q X P T D E
T X Y Y Q K K B W R A L U C I N U F X G
O Y C J J E E K L Q H V W O W M Z B N A
M I I M L F J Q Y G V E H I C L E H X I
U O B A E L I M O U S I N E C Z Q Z O R
H E L I C O P T E R M G D R A G S T W R
U M C R S X B M L W I T O S D J B B G A
A Q P I T A A F L E N G I N E N V B V C
G N Y X R R R E T O O C S O T C Z Z X Y
```

Answers on page 145.

FEMALE WORLD LEADERS

IN 2017 KATRIN JAKOBSDOTTIR WAS ELECTED PRIME MINISTER OF THIS ISLAND NATION IN THE NORTH ATLANTIC

WHAT IS _____?

ONCE HELD UNDER HOUSE ARREST, AUNG SAN SUU KYI BECAME THE DE FACTO LEADER OF THIS COUNTRY IN 2016

WHAT IS _____?

NOBEL PEACE PRIZE WINNER, ELLEN JOHNSON SIRLEAF WAS PRESIDENT OF THIS AFRICAN NATION FROM 2006-2018

WHAT IS _____?

DILMA ROUSSEFF BECAME THE 1st FEMALE PRESIDENT OF THIS SOUTH AMERICAN COUNTRY

WHAT IS _____?

HER HUSBAND'S ASSASSINATION & A PEOPLE POWER REVOLUTION MADE HER PRESIDENT IN 1986

WHO IS _____?

ANGELA MERKEL

CHRISTINE LAGARDE

DILMA ROUSSEFF

ELIZABETH WARREN

ERNA SOLBERG

ILHAN OMAR

JACINDA ARDERN

JULIA GILLARD

LIYUAN PENG

MICHELLE BACHELET
NANCY PELOSI

NICOLA STURGEON
SAHLE-WORK ZEWDE

THERESA MAY
TSAI ING-WEN

```
T K Z N O E G R U T S A L O C I N G G E
D C O N I U Q A N O Z A R O C C Z B R S
I V K F M Y E U E Z D L I Z A R B C E T
L M I C H E L L E B A C H E L E T G B Z
M X C H R I S T I N E L A G A R D E L I
A E I G S A H L E W O R K Z E W D E O S
R X L H I D R A L L I G A I L U J Z S O
O L T I N R E D R A A D N I C A J J A L
U M U R Z T L E K R E M A L E G N A N E
S F Y E A A H A L K G X L F Q A O L R P
S N V A G G B E H I E P T N P I V J E Y
E V E D N R S E R G Y F G H Y R W U V C
F D H W Q M A A T E S U C H M E Y J P N
F K W U G A A M Y H S M A X O B E A J A
O H K P G N M R O Q W A E N A I X H T N
I G X R R T I N F N F A M V P L D I T K
R T R B E R X I V P A U R A E E L L H S
W D N A L E C I A C K H R R Y I N R P Z
C F V M A J W U O S A W L Z E I T G D L
T H F C F Q M I X P T A C I O N A X I V
```

Answers on page 145.

NORSE MYTHOLOGY

IN THE NORSE CREATION STORY, EMBLA IS THE EQUIVALENT OF THIS BIBLICAL WOMAN	WHO IS _____?
THANK GOD! IT'S THIS DAY OF THE WEEK THAT WAS SACRED TO THE GODDESS FRIGGA	WHAT IS _____?
BRAGI, THE GOD OF POETRY, IS THE SON OF THIS CHIEF NORSE GOD	WHO IS _____?
THIS HAMMER OF THOR'S WASN'T JUST A WEAPON, IT WAS ALSO A SYMBOL OF FERTILITY	WHAT IS _____?
FEASTING & FIGHTING ARE FAVORITE PASTIMES AT THIS "HALL OF THE SLAIN"	WHAT IS _____?

ASGARD

ASK

BALDR

CHRISTIANITY

EMBLA

FREYA

FRIGG

GERMANIC

HEIMDALL

LOKI   SCANDANAVIAN   YMIR
NINE WORLDS   THOR
PAGANISM   YGGDRASIL

Y Y C N B Q S X Y B R W A Y T D R W U W
A G I H A M V M A O W B D Q U W G H M J
W G N E K I X A A L Y P W U P H Q F P N
L D A N I D V X L W L G F G P J Q B I W
G R M N U Z T A T H Y A E F V T M Q R J
X A R X L R L B N H A T D E G G I R F T
K S E F F D J U I A A L J M W Z G G A R
C I G N V L H Z F L D Y L M I S G J D N
F L O O D A Z B P V B N E A A E O H W N
E Z R W G B X L A W F K A R B M H E Y I
U W M E P I H M S A O B A C F V Y M J D
M S I N A G A P L P L D S F S K I B S O
B L F H E P E B M J N I G F R R C Y S U
R J K V L V M J U Q K R A V O I V I B U
K T E R F E H A S O Y J R C F W D N G W
Q M J O L N I R L W F S D X G I D A E H
S K W E F X B L R V P P U T J J A O Y Z
W R S G D E K S A N I N E W O R L D S V
Y T I N A I T S I R H C I H Z W L Q W X
I P J K C E R F X W P E X Y B T H O R R

Answers on page 146.

MUSIC OF THE '70S

THIS JAZZ-ROCK GROUP GAVE US THE SONGS "25 OR 6 TO 4" & "DOES ANYBODY REALLY KNOW WHAT TIME IT IS?"

WHAT IS _____?

IN HIS NO. I HIT "I WISH", HE "WISHED THOSE DAYS COULD COME BACK ONCE MORE"

WHO IS _____?

THIS COCKTAIL IS PART OF THE HOOK IN THE RUPERT HOLMES SONG "ESCAPE" THAT TOPPED THE CHARTS IN 1979

WHAT IS _____?

IN 1978 ON "TWO TICKETS TO PARADISE" HE ASKED, "WON'T YOU PACK YOUR BAGS, WE'LL LEAVE TONIGHT"

WHO IS _____?

SHUT YOUR MOUTH! ISAAC HAYES WON AN OSCAR FOR THE THEME FROM THIS 1971 FLICK

WHAT IS _____?

CARLY SIMON

CAROLE KING

"DANCING QUEEN"

DIANA ROSS

DOLLY PARTON

DON MCLEAN

ELTON JOHN

FRANK ZAPPA

GLORIA GAYNOR

QUEEN

THE KNACK

VILLAGE PEOPLE

"WALK ON THE WILD SIDE"

WILD CHERRY

```
D A N C I N G Q U E E N U O V W T A Y C
E Y W C Q S R Y J E P I N A C O L A D A
L R G A E C Q T U H M A Z W U W E Y G F
P P Y O L B A E E N Y G D M Q W X Q E C
O D R P R K D R D D H U J A R U G O B H
E O R D D O O S L D O O B R E P E L D I
P L E T A I N N K Y I N J B M O D E F C
E L H Q F Q A Y T J S E M N D G X T N A
G Y C J V A I B A H F I M C O V F U X G
A P D I L N H P A G E T M O L T Q H E O
L A L A D S T S I P A W X O N E L J R F
L R I C X U P G U B P I I Q N E A E R F
I T W D N Q G T M E B A R L M B Y N P W
V O Z S S O R A N A I D Z O D X J L C Z
M N S U U B S M B T L H F K L S W C G C
K V O C A R O L E K I N G F N G I K K R
M E C M X T H E K N A C K B Q A A D Z H
N N J C M I G R B O T A L G Q N R B E H
S R E D N O W E I V E T S P O N O F O W
F L H C Q B X R R Y L B Q O S U S Q J O
```

Answers on page 146.

FILMS OF THE '80S

ESAI MORALES PLAYED BOB MORALES, RITCHIE VALENS' OLDER BROTHER, IN THIS 1987 FILM

WHAT IS _____?

IN THIS 1987 FILM SEAN CONNERY SAYS, "HE PULLS A KNIFE, YOU PULL A GUN ... THAT'S THE CHICAGO WAY"

WHAT IS _____?

HOLLY HUNTER & NICOLAS CAGE CAN'T HAVE A CHILD OF THEIR OWN, SO THEY KIDNAP A BABY IN THIS COMEDY

WHAT IS _____?

THE 1987 FILM "THE WITCHES OF EASTWICK" STARRED THIS ACTOR PLAYING "YOUR AVERAGE HORNY LITTLE DEVIL"

WHO IS _____?

THIS 1985 HARRISON FORD SUSPENSE FILM WAS SHOT PARTLY IN LANCASTER, PENNSYLVANIA

WHAT IS _____?

"ALIENS"

"BACK TO THE FUTURE"

"BLADE RUNNER"

"DIE HARD"

"GHOSTBUSTERS"

"GREMLINS"

"SIXTEEN CANDLES"

"STAND BY ME"

"THE BREAKFAST CLUB"

"THE GOONIES"   **"THE TERMINATOR"**   **"VIDEODROME"**

"THE PRINCESS BRIDE"   **"THE THING"**

```
E B V H S N I L M E R G H M L G U T W C
F A Q J V T E P Z Y Q T H E T H I N G K
N C M J A C K N I C H O L S O N E Q N K
D K N W V I D E O D R O M E D E D S Z B
O T O X A X B O A H T M I R V F I P I U
I O B S V K Y S X R I R A M Q I R N N L
S T N L K X Q N M F B H Y P S M B V H C
I H L N A O T I I T E R D Y N V S E S T
X E Y M M D L I B I R T E R O Y S M R S
T F P M S R E S D N W S U A X X E Y E A
E U G H S F K R E L T U R Y T O C B T F
E T T K E C X X U I A Q I J D E N D S K
N U J C N T Z F S N N B D K Q O I N U A
C R N I T A O P K U N O A U T G R A B E
A E D K I L C G V Z A E O M A W P T T R
N M M X W U C Q P M S T R G B Y E S S B
D R O T A N I M R E T E H T E A H S O E
L A N O Z I R A G N I S I A R H T K H H
E T H E U N T O U C H A B L E S T H G T
S Y F K Y Z D O G T E K R A L I E N S Y
```

Answers on page 146.

CLASSIC TELEVISION

IN THE 1950s, OFFICER FRANK SMITH & SGT. BEN ROMERO WERE PARTNERS OF SGT. FRIDAY ON THIS SHOW

WHAT IS _____?

THE OPENING OF THIS DIRECTOR'S SERIES HAD HIS SILHOUETTE FILLING A LINE DRAWING OF HIS PROFILE

WHO IS _____?

FOR THE 1958-59 SEASON, 7 OF THE TOP 10 SERIES WERE WESTERNS; THIS ONE SET IN KANSAS RANKED NO. 1

WHAT IS _____?

IN 1959 BARBARA HALE WON AN EMMY FOR PLAYING SECRETARY DELLA STREET ON THIS POPULAR COURTROOM DRAMA

WHAT IS _____?

THIS 1966-1971 SOAP OPERA ABOUT VAMPIRES, WITCHES & WEREWOLVES WAS SPOOKTACULAR

WHAT IS _____?

BOB NEWHART

DORIS DAY

"GREEN ACRES"

"HONEY WEST"

"I DREAM OF JEANNIE"

"JACKIE GLEASON"

"LEAVE IT TO BEAVER"

MARY TYLER MOORE

"MAVERICK"

"THAT GIRL"   **"THE CISCO KID"**   **"WAGON TRAIN"**
"THE BIG VALLEY"   **"THE TWILIGHT ZONE"**

```
C L E A V E I T T O B E A V E R H B Z O
Z Q V K L W Y T H E B I G V A L L E Y K
T Q N B K T P N O S A E L G E I K C A J
M D U T C R D U I S E P M M O G E S D P
A W E E I A I D Z U D W P D G J G E T E
R S K N R H D R A G N E T I O I Z D V I
Y G C O E W C R R B H O N E Y W E S T N
T U O Z V E D N I A R T N O G A W K G N
Y N C T A N S A T P E R R Y M A S O N A
L S H H M B C T R S E R C A N E E R G E
E M C G N O L L H K N N L A R I U I V J
R O T I F B O R Z E S I B C A X N K U F
M K I L B R Y B I E C H F E E C G X M O
O E H I O R V A O G D I A K K D Q J K M
O F D W W G W I D Y T C S D B U P A R A
R J E T M A G K M S X A U C O C I D D E
E C R E A N W J R I I H H D O W V H G R
Y B F H Q D C M M C E R J T X K S T J D
J R L T R U W H A C H U O F B R I L T I
P C A O X L R H D A A L L D F G F D W G
```

Answers on page 147.

IT'S A CANADA THING

THE PARLIAMENT BUILDINGS IN THIS CITY INCLUDE THE RESTORED OFFICE OF CANADA'S FIRST PRIME MINISTER	WHAT IS _____?
CANADA HONORS THE BIRTHDAY OF THIS MONARCH WITH A HOLIDAY NAMED FOR HER ON THE MONDAY BEFORE MAY 25	WHO IS _____?
"OLD" THIS CITY LIES BETWEEN RUE BERRI & RUE McGILL	WHAT IS _____?
YUKON IS ALPHABETICALLY THE LAST OF THESE 3 GEOGRAPHICAL DIVISIONS OF CANADA	WHAT ARE _____?
ODDLY, THIS PROVINCE IS ½ HOUR AHEAD OF ATLANTIC STANDARD TIME	WHAT IS _____?

BAFFIN ISLAND
CALGARY
CANADIAN SHIELD

EDMONTON
GREAT SLAVE LAKE
HALIFAX

HOCKEY
KAMLOOPS
MOUNT LOGAN

ONTARIO
ST. LAWRENCE RIVER

THUNDER BAY
YUKON

```
F D X I J K Z A K Y L A E R T N O M E S
Y I U I G T W T C Z E B L Z R U J S C J
M G I H L A C A G A N R U Z E I W C V H
T T F N T C L K P S W P R O V T Y X Y F
M K H T C G I X D Z P D E E I A X E G Z
Z E O K A Q M Q I R V I I Y R M W K K I
G M Z R T H U N D E R B A Y E U E A M X
D K Y T O C X T K N H E S V C Q D L A H
C A N A D I A N S H I E L D N O M E M T
D N A L S I N I F F A B T H E Q O V O E
X Q U E E N V I C T O R I A R U N A U R
Y A M C L J F J G G H N U G W M T L N R
R U F B R A C M E O G X K H A D O S T I
D C K I V B D P K L T L Y N L O N T L T
B X Z O L Q Z G M Y B B C T T I W A O O
E X C J N A T A U S H I S A S R P E G R
Y B X C E U H R Q G T V I V O A G R A I
I L D N A L D N U O F W E N X T C G N E
N S Z I E D K A M L O O P S J N F B Y S
R S Z E Y E K C O H C E T E R O I L T L
```

Answers on page 147.

DOWN MEXICO WAY

IN 1986 MEXICO SCORED AS THE FIRST COUNTRY TO HOST THIS INTERNATIONAL SPORTS COMPETITION TWICE

WHAT IS _____?

THIS RESORT CITY ABOUT 200 MILES SOUTHWEST OF MEXICO CITY IS FAMOUS FOR ITS CLIFF DIVERS

WHAT IS _____?

FOUNDED IN THE 1530s, THIS CAPITAL OF JALISCO STATE IS THE SECOND-LARGEST CITY IN MEXICO

WHAT IS _____?

TENNESSEE WILLIAM'S GRITTY 1961 PLAY, "NIGHT OF THE" THIS, UNFOLDS IN A SEEDY MEXICAN HOTEL

WHAT IS _____?

THIS POPULAR RESORT ISLAND LIES NORTH OF COZUMEL OFF THE COAST OF THE STATE OF QUINTANA ROO

WHAT IS _____?

BAJA
CENOTES
DURANGO

GUERRERO
GULF OF MEXICO
HIDALGO

JALISCO
MEXICO CITY
MICHOACAN

PUEBLA **SONORA** **YUCATAN**
SINALOA **VERACRUZ**

```
P D X S A O C I X E M F O F L U G E Q R
M P O B D D M X A R J A L I S C O O T P
V J T N B M I I O A N A U G I F G D G W
O X J U S Q C C L F O O B N R L J U J B
O X W C G Q H I A P N S Y O A M A T A B
B D F N O T O Y N Z B U E D C D R J H F
E K G A C Y A B I Y T A I O A W A W T F
E C M C J S C X S P G H R L R D F Y P C
O T K V H G A U L A A E A H O I W U L E
A B J E I P N M O R R J K V N F R C S N
M L G C R T F D O R A B D S O U V A L O
M P B Q A O I N E R D C F A C L Y T J T
T A Q E K R O U A B Z Q P J L L C A H E
L G W H U S G W N Y T T M O U U D N Y S
P E Q H U P L F W Z A B M J P L I V S P
R I H M E X I C O C I T Y P A T Q Q Q H
E N Y Z L W C R L L Y E Z V C X F F R F
H K W O R L D C U P U L A S P O H L
F K R B E L I Y V X J S O C S U H R R Z
Z U V N O G N A R U D O Z U R C A R E V
```

Answers on page 147.

COASTAL U.S. STATES

Clue	Answer
ITS GULF COAST IS BETWEEN ALABAMA'S & LOUISIANA'S	WHAT IS _____?
OF THE 3 COASTAL WESTERN STATES IN THE LOWER 48, ITS COAST IS THE SHORTEST AT 157 MILES	WHAT IS _____?
PORT ISABEL IS A CITY ON THE 624 MILES OF SHORELINE THAT MAKE UP THE GULF COAST REGION OF THIS STATE	WHAT IS _____?
THIS WEST COAST STATE HAS MORE THAN 50% OF THE ENTIRE U.S. COASTLINE	WHAT IS _____?
WILMINGTON, NEAR THE MOUTH OF THE CAPE FEAR RIVER, IS ITS MAIN SEAPORT	WHAT IS _____?

ALABAMA
CALIFORNIA
CONNECTICUT

DELAWARE
FLORIDA
GEORGIA

MAINE
MARYLAND
NEW HAMPSHIRE

60

NEW JERSEY
NEW YORK

OREGON
PENNSYLVANIA

SOUTH CAROLINA
VIRGINIA

```
J H M C C A L I F O R N I A Z P K B K T
W O Y L M I A R W M P D I D O Q P W B F
D P E C E V N H G A E P P U M F O H Y N
W H S I J J Q J D L E A P S K L C A I E
A W R O Z B L I A N T N I V T Z P T D W
S A E J Y D R W N D K I S K F X T K R H
H R J F Y O A S L P R L S U I S X R N A
I Y W Q L R Y B J U O O I T E X A S D M
N R E F E L Q V A L Y R S L N E S F H P
G F N L V P N R L N W A S P E H T M M S
T B K A P L Z C A O E C I T V A Z Y T H
O A N D J E E B B G N H M T J L P C K I
N I V K V E Z B A E R T Q X T A C X J R
A U E B C Y Z H M R A R A W B S T A P E
G E O R G I A C A O C O M I J K X Z J M
E H L V I R G I N I A N S D L A P N U I
U I T T U C I T C E N N O C P P C N Q Q
X C J D T A N I L O R A C H T U O S J V
X L O M R U R Z H O G U A O O E N I A M
Q K S H L L C A E D N A L Y R A M C Y L
```

Answers on page 148.

U.S. CITIES

IN 1921 THIS NEW JERSEY CITY CROWNED THE FIRST MISS AMERICA

WHAT IS _____?

THIS GEORGIA CITY THAT'S POPULAR WITH GOLFERS WAS NAMED FOR THE MOTHER OF GEORGE III

WHAT IS _____?

FOUND ON THE ST. JONES RIVER, THIS CAPITAL OF DELAWARE BEARS THE NAME OF AN ENGLISH SEAPORT

WHAT IS _____?

A BAY & A RIVER BEAR THE NAME OF THIS CITY, ALABAMA'S THIRD LARGEST

WHAT IS _____?

THIS NEW MEXICO TOWN WAS NAMED FOR THE GRAVE MARKERS OF SOME OF ITS EARLIER SETTLERS

WHAT IS _____?

BEND

BOISE

CASPER

CHICAGO

DEKALB

ELKO

GRAND ISLAND

GREAT FALLS

LOGAN

MADISON
RAPID CITY

RICHLAND
ROCKFORD

SAN JOSE
VISALIA

```
U A X E W Y E X Q G G W C D S L T H U R
M I A T S U G U A T F V S B P L M K A M
K O B J A D U B Y M W P Z L C F P P H U
U M X T I N Y V I S A L I A J K I C T A
D J O G C D D E S O J N A S O D Z S R V
R Z X I K E F V G Z H G P D C Z C E I X
O U I J U K G E S I O B N I V A S P C Y
F E N N F A N C V Q O A T M S L S T H T
K M L Y D L V N Z B L Y O P S V L I L I
C D T K M B S I F S U S E H M N L V A C
O S J N O N P W I D T R A L O I A A N C
R T S R D G J D H E S P H V B C F K D I
F J S H V M N N M E G E S H I V T A A T
R G E Q F A U R A N E O C F L B A G X N
I P O W R R N O S I D A M U E P E F V A
B V K G N T P N X P I E O A R J R E A L
H J U U Z N R I A T D U W E J C G J U T
C H I C A G O F S G E N P E T R S V A A
Q C Y N O D O E F W O N E N E M R A E C
H D O V E R T M U E X L W B W A Q D L E
```

Answers on page 148.

ANIMAL PLANET

TYPES OF THIS ANIMAL INCLUDE APPALOOSAS, PALOMINOS & PINTOS

WHAT ARE _____?

OF FRUIT, LEAVES OR INSECTS, IT'S THE ONE THAT MAKES UP MOST OF AN ORANGUTAN'S DIET

WHAT IS _____?

AXOLOTLS & MUD PUPPIES ARE TYPES OF THIS 10-LETTER AMPHIBIAN

WHAT IS _____?

THE RHINOCEROS BEETLE IS ALSO NAMED FOR THIS TITAN FAMOUS FOR SHOULDERING THE HEAVENS

WHO IS _____?

SOUTH AMERICA'S ONLY BEAR HAS UNIQUE WHITISH RINGS AROUND THEIR EYES GIVING THEM THIS NAME

WHAT IS _____?

BADGER

BEAK

EAGLE

EGG

FEATHERS

FELINE

GILA MONSTER

GREGARIOUS

INVERTEBRATE

MAMMAL
MEERKAT

MOLT
OCTOPUS

SOLITARY
TALONS

Y J H S R E H T A E F P E B S U M B W Q
K J L I C G E E P A Y R V L S D A T F L
E T A R B E T R E V N I P T S N M Z E P
L M D A V G F O C T O P U S T B M J G X
B R G Z S A L A M A N D E R M Y A O Y H
R F R N Q V G R I H P U Y I Z F L C E B
U B E J Z X S A L T A R O H W G B Z A X
P J G J R E A G L E D C F O M G W D M Z
Y W A N Q Q I E S N O L A T I M G E O U
R P R R V J N E C W L I E L O E E Y T J
A V I S B Y N A A T G N A L R R C I U D
T I O S G I N T Z L T M T N K K U M E Y
I V U V L J B I K I O F W A L R J L V V
L I S E Y B E J Q N I J T B F C C P G T
O L F S B D V W S V P V M C Y A J S Q H
S U B E C U D T C E E C X R T E W S W C
U O S S V D E D J E G P U C A N C C Y H
Q W F R I R H S Q T G P E L B E A K I V
L C T O W D Q C N F X P G L F W C X O M
L T Y H U L R X V L S E D K X D Y V S F

Answers on page 148.

WORD ORIGINS

THE NAME OF THIS HEAVY HOODED JACKET FAVORED BY SKIERS & HUNTERS IS FROM THE RUSSIAN FOR "PELT"

WHAT IS _____?

THIS TERM FOR ONE WHO WILLFULLY DESTROYS ANOTHER'S PROPERTY COMES FROM THE NAME OF A GERMANIC TRIBE

WHAT IS _____?

THIS WORD FOR A SELF-SERVICE RESTAURANT EVOLVED FROM THE SPANISH FOR "COFFEE SHOP"

WHAT IS _____?

THIS 19th CENTURY 2-WHEELED CAB WAS NAMED FOR A BRIT, NOT FOR ITS GOOD LOOKS

WHAT IS _____?

THAT'S NOT A SHIP IN THE DESERT YOU SEE; IT'S THIS OPTICAL ILLUSION FROM THE FRENCH FOR "TO LOOK AT"

WHAT IS _____?

AVATAR
BALLET
CROISSANT

FAUX PAS
FEST
GENRE

GLITCH
KINDERGARTEN
KLUTZ

LINGERIE   **PLAZA**   **SPIEL**
MACHO   **RUCKSACK** **WALTZ**

```
V A N D A L N I M G J Y R A T A V A E V
D V C C L J F U Q L K Y R K N M X K U K
V C I T A N G G Z I G W C A J L Y G B S
K C C Z M F P N N T Z O E I R E G N I L
R S E D A T E X X C C U W U U Y K T S K
S G G Z A G K T Z H Q U A R G E N V M V
J H A K P N M L E N X J L T P A F A E W
K L C I M T O P A R N I T R S H L E P W
P T F N U U S T V Q I F Z S K N F Q S I
P U U D R N N G G N U A I X C V N I A T
D D D E A S A F S M Z O Y W A B E P K W
Y Y P R S J H B T T R E O B S G N T R O
M K T G P X C T G C K J U Y K T X R A W
D X U A I M V H E Y Z M W N C B Y M P T
Y G O R E I I G P L F Y V M U G U X A A
D E J T L T Z R Z J L V D Y R H E S Q M
B F O E P O Y T A D K A G N T S G N V C
S S W N J L W U U G L S B O T X D Z R F
G U J N M O Y F H L E U O H C A M J E E
G P K F A U X P A S K X O F I L J V L K
```

Answers on page 149.

AVIATION

THE B-17 IS THE FLYING THIS, THE B-29 THE SUPER THIS, & THE B-52 THE STRATO THIS

WHAT IS _____?

THE HUGHES AH-64 APACHE IS AN ATTACK ONE OF THESE

WHAT IS _____?

IN 1955 WEST GERMANY'S NATIONAL AIRLINE RESUMED FLIGHTS UNDER THIS REVIVED NAME

WHAT IS _____?

IT'S THE CENTRAL SECTION OF A PLANE; THE P-82 TWIN MUSTANG HAD 2 OF THEM, EACH WITH A PILOT

WHAT IS _____?

THIS ILL-FATED AIRCRAFT WAS THE 1ST WITH REGULAR SERVICE BETWEEN EUROPE & N. AMERICA

WHAT IS _____?

AERODROMES	AIRLINER	COMMERCIAL
AERONAUTICAL	BOEING	EMBRAER
AIRBUS	BOMBARDIER	HANG GLIDER

HOT AIR BALLOON
ROCKETRY

TRAFFIC CONTROL
TRANSPORTATION

WRIGHT
ZEPPELIN

```
W V W N T E T S S E R T R O F U R H X Q
A F P I R B H Q A Z A E N O D X I H K A
V P N L A Y G V I H T N X E M N L N Y R
U A M E F S I N R E Y G J D D W O S E Y
T J C P F Y R K L O G F G E Y O B T V W
V I O P I W W D I P N T N Z L T P I R L
I M M E C B Z I N D M B Z L R O J B E D
X G M Z C O Z I E L U C A A C E O L D S
M A E X O U V V R R E B N I G E X A I A
N S R T N R N W G M R S L A I Y A C L I
R A C T T K X P B I P E L N T E J I G R
P S I K R K V R A O H E G U R L D T G B
A N A L O W A T R X S W Q O M V D U N U
Z A L G L E O T C U C J D J N Z Q A A S
L H K W R H A L F H Y R M F X L Q N H G
X T L F Y T I R D C O B P R W L U O S B
R F C Y I H M R A M Y V B L B L I R Z F
B U E O X L Z R E Y R T E K C O R E A E
Z L N V X I M S V U C L L S L V G A W W
C B O M B A R D I E R P E A U G I W L N
```

Answers on page 149.

FAMOUS AFRICAN AMERICANS

"ALL HAIL THE QUEEN" & "THE DANA OWENS ALBUM" ARE RELEASES BY THIS ACTRESS & HIP HOP ARTIST

WHO IS _____?

REPRESENTING TEXAS FROM 1973 TO 1979, SHE WAS THE FIRST BLACK WOMAN FROM A SOUTHERN STATE TO SERVE IN CONGRESS

WHO IS _____?

HIS 1912 AUTOBIOGRAPHY "A NEGRO EXPLORER AT THE NORTH POLE" INCLUDES A FOREWORD BY ROBERT PEARY

WHO IS _____?

THIS AUTHOR OF "INVISIBLE MAN" WAS NAMED FOR ANOTHER LITERARY GREAT, EMERSON

WHO IS _____?

THE FIRST AFRICAN AMERICAN TO WIN A PULITZER PRIZE, GWENDOLYN BROOKS WON IN THIS CATEGORY IN 1950

WHAT IS _____?

BARACK OBAMA
DIANA ROSS
EDDIE MURPHY

HALLE BERRY
JOE LEWIS
KANYE WEST

LANGSTON HUGHES
MICHAEL JORDAN
MICHELLE OBAMA

70

NELLY
SERENA WILLIAMS

TRAVIS SCOTT
TYRA BANKS

USHER
WHOOPI GOLDBERG

```
S T X I R S Y K G V N B Y E E N Q G B E
N S T P J G P B P G T M R M W A X Q F I
F A O O I F S X H L W Y R A Q D G S W S
K T D R C Q M M G K M X E T U R S C G Z
S T X R A S R L Z J Y H B T E O E K R Q
L Z N J O N S L Q Y M J E H E J R S E R
U A N E B J A I W M X H L E N L E K B I
S Q N O L A A I V A O T L W L E N R D Q
A K B G S L R R D A G Y A H A A A E L E
P K N N S I Y A A P R W H E T H W A O D
M A M A G T L D C B M T M N I C I S G D
N N Q C B Y O L I K R L H S F I L R I I
N Y E D T A L N E R O A E O A M L E P E
F E M Y C J R K H H S B B N H F I F O M
C W F J E P B Y R U P L A X X D A W O U
G E G O O C O F T G G L R M O H M O H R
X S N E Z Q M W M B Z H A K A L S Y W P
V T T M I J L U S H E R E R E K E P T H
C R S Q Y S I W E L E O J S B F B Y J Y
Y M R A M A B O E L L E H C I M P H Z T
```

Answers on page 149.

ISLANDS

THIS "VALLEY ISLAND" IS FOUND BETWEEN THE ISLANDS OF MOLOKAI & HAWAII

WHAT IS _____?

IT'S THE SECOND LARGEST ISLAND IN THE WORLD

WHAT IS _____?

THIS ISLAND IN THE GULF OF ST. LAWRENCE IS CANADA'S SMALLEST PROVINCE

WHAT IS _____?

AS ITS NAME INDICATES, IT'S A BIG ISLAND—IN FACT, THE LARGEST OF SPAIN'S BALEARIC ISLANDS

WHAT IS _____?

THIS THIRD-LARGEST ISLAND IN THE WORLD IS SHARED BY BRUNEI, MALAYSIA & INDONESIA

WHAT IS _____?

ANTILLES
AUSTRALIA
BAFFIN

BORA BORA
CAPRI
GREAT BRITAIN

HONSHU
IRELAND
LONG ISLAND

LUZON   MILOS   SAINT MARTIN
MARTHA'S VINEYARD   OAHU   SOCOTRA

```
G A E A E N I U G W E N P A C R O J A M
G R Q D N D Q Z I M D Y H Q I B F X Y Z
R O T O U I R J Y P K X O M V D K Z U C
Z B D K U E J A H H X K N T I R L T D V
L A I A T D B U Y P T I S T A P R A N S
U R M P V X C Q S E K A H M D D U D A A
Z O L P Q W Y N G L N A U U O P F A L I
O B X D Q S T E I A W I R U I I I Y S N
N Y Z Z M F Z H Z A J E V T C P D V I T
X N I A T I R B T A E R G S O Y S F G M
C T B P A I G R G X A W I R A C I W N A
S O L I M I N A A G P N L P R H O H O R
T H B J E A L O P B J T T F O M T S L T
E J E N Q C O A A J A P Z I A I U R E I
A B Q O A E O B R H D F B T L X P W A N
A K M P N G E O Y T U W F Z I L X V F M
N L R R K V B S R E S H F I Z D E M Q A
M I O F I R E L A N D U N G N G B S Z P
J B Z Z I T K D Z V J K A F A Y L O J Y
P R I N C E E D W A R D K R V B H M Z B
```

Answers on page 150.

A WORLD OF ART

ARTIST JOHN OLSEN PAINTED A MURAL FOR THIS CITY'S OPERA HOUSE IN THE EARLY '70s	WHAT IS _____?
SIR THOMAS BROCK WAS KNIGHTED AFTER UNVEILING HIS STATUE OF QUEEN VICTORIA IN FRONT OF THIS PALACE	WHAT IS _____?
IN 1916 HE SOLD HIS FIRST OF MORE THAN 300 "SATURDAY EVENING POST" COVERS	WHO IS _____?
THE FLORENTINE ARTIST BRONZINO SERVED AS COURT PAINTER TO COSIMO I OF THIS FAMOUS FAMILY	WHO ARE _____?
BASQUIAT GOT ATTENTION, FOR THIS TYPE OF WALL WRITING IN "HOLLYWOOD AFRICANS"	WHAT IS _____?

APOLLO PAVILION   CHICAGO   HYDRAULOPHONE

ARCHITECTURE   GENOA   KEITH HARING

BANKSY   HEIDELBERG PROJECT   LEEDS

LOS ANGELES   SCULPTURE   "LIGHT TREE"
NEW YORK CITY   "TILTED ARC"   TWIN CITIES

```
H G N I R A H H T I E K L E D D L D C G
E T E K U T N O Y H P B Z A U N S I C J
I S N R X M M S T S F P V Q I O I Y N L
D L O X G C K R K N L F O I R S T J B
E R H S X I W I C O Q N B E D M J I F H
L E P K P U I X T I B X A Z Y A Q C F M
B I O N S B V G C T V R N B N N S K L A
E G L G I M E I A W L Z D O Y R E R A H
R A U Q H N D M Q E D K I E X O I O E G
G W A P O E C F E V U L I E J C T Y R N
P V R A M U P D N G I R H B A K I W U I
R L D W W T S Z E V A B M Y S W C E T K
O X Y H M V E E A J Y L Y D Z E N N C C
J R H Y P G R P Q X T I D E R L I W E U
E J Y O S T O C I O R O Q P N L W A T B
C L H C T L O G A C I H C Y L D T G I J
T W D H L E R U T P L U C S T A Y N H B
X R G O H W J T I L T E D A R C K S C M
T I P D W Q Q L I T I F F A R G J J R W
L A N E D O A L O S A N G E L E S Y A A
```

Answers on page 150.

BUSINESS & INDUSTRY

IN 2014 THIS COMPANY AGREED TO PAY $2 BILLION FOR OCULUS, A MAKER OF VIRTUAL REALITY	WHAT IS _____?
WILLIAM D. MENSCH DESIGNED THE PROCESSORS IN WOZNIAK & JOBS' EARLY COMPUTERS FROM THIS COMPANY	WHAT IS _____?
THIS ATHLETIC WEAR COMPANY BEST KNOWN FOR ITS SHOES BEGAN IN OREGON AS BLUE RIBBON SPORTS	WHAT IS _____?
IN THE 1880s HE BUILT A TOWN IN ILLINOIS TO HOUSE EMPLOYEES OF HIS SLEEPING CAR COMPANY	WHO IS _____?
MONEY FROM THE ALASKAN GOLD RUSH STARTED THIS FASHION RETAILER WHOSE NAME MEANS "NORTH RIVER"	WHAT IS _____?

ALPHABET	**BOEING**	**GENERAL ELECTRIC**
AUTOMATION	**CEMENT**	**INFORMATION**
BELL	**COBALT**	**LABOR**

MINES	PRODUCTION	SOLAR	
POLLUTION	SAMSUNG	WIND FARM	

```
I  F  D  B  H  O  T  L  A  B  O  C  B  Q  E  H  J  Q  I  E
N  L  A  G  E  O  R  G  E  P  U  L  L  M  A  N  U  K  I  S
F  T  G  C  Z  H  L  Y  D  B  A  Y  A  K  N  F  Z  G  B  G
O  P  N  W  E  K  F  H  E  A  O  H  M  I  N  E  S  C  E  S
R  G  O  L  G  B  P  O  L  L  U  T  I  O  N  L  P  N  U  M
M  M  I  I  L  T  O  S  Y  L  X  U  U  V  B  V  E  R  P  R
A  L  T  B  I  E  Q  O  V  M  O  N  Q  H  S  R  U  A  I  S
T  I  C  A  Q  W  B  N  K  Z  I  O  O  H  A  B  E  W  K  R
I  V  U  L  M  O  R  T  S  D  R  O  N  L  X  U  G  N  C  O
O  W  D  P  M  G  R  T  J  A  M  J  E  S  A  D  O  E  I  B
N  J  O  H  D  N  K  U  I  R  I  L  P  F  V  I  Q  W  C  A
Y  E  R  A  F  U  U  N  O  C  E  Q  R  N  T  Y  D  R  Y  L
T  S  P  B  M  S  A  D  E  C  I  R  G  A  Z  M  A  N  V  E
I  N  Q  E  F  M  E  V  T  J  Q  M  M  A  R  L  F  R  D  P
V  V  E  T  R  A  P  R  L  B  D  O  E  A  O  G  A  R  E  C
K  O  M  M  V  S  I  Y  O  G  T  U  F  S  R  Z  P  W  C  S
E  D  D  B  E  C  C  E  V  U  F  D  O  U  Z  C  P  S  E  B
U  F  P  E  L  C  I  K  A  U  N  I  M  M  N  S  L  R  D  Z
T  H  O  S  V  N  X  N  R  I  Y  M  I  T  Q  E  E  Q  J  P
E  K  I  N  G  X  A  T  W  B  Y  I  T  K  P  Z  G  H  A  S
```

Answers on page 150.

POTPOURRI

THE 2 BASIC KINDS OF SADDLES ARE ENGLISH & THIS TYPE PREFERRED BY COWBOYS

WHAT IS _____?

WHAT YOU DO TO AN ENVELOPE, OR THE MAMMAL THAT COULD BALANCE AN ENVELOPE ON ITS NOSE

WHAT IS _____?

BEFORE JIMMY SMITS WAS ON "NYPD BLUE", HE GOT KILLED IN THE 1ST EPISODE OF THIS DON JOHNSON '80s SHOW

WHAT IS _____?

A DEVICE NAMED FOR THIS WOMAN DROVE AROUND MARS

WHO IS _____?

DENEB IS THE BRIGHTEST STAR IN THIS CONSTELLATION WHOSE NAME MEANS SWAN

WHAT IS _____?

ARTWORK
COLLABORATE
DICTIONARY

DINNER
EASTERN
HOTEL CALIFORNIA

NAPKIN
NOTEPAD
PORTRAIT

PRINTER
SMART PHONE

VICTOR
WALLET

WALRUS
WOOL

```
U E P J G O U E W W E F O M G U D D E S
N A W A L L E T W Z P L Z X Z M F P C Y
G P Q Z R Y D Q S D A J K O K T R M I L
U A H X S E D A D A P E T O N X N D V M
P I X H G O N I G R G Z Y W S F A Q I E
G L W O F N J N C W F O R A P P T S M A
E M B T W A D O I T E Z E L Y N E M A S
T B T E A G P E U D I Z R R Z A D A I T
A P I L C S D R K R Z O L U U P A R M E
R P Y C F I E J N I N Y N S W K B T K R
O L F A H P T A Y X S E X A I I R P X N
B W U L Y M R I L A U P R I R N F H I N
A E E I T R C I A R T F A T J Y R O X Q
L H F F L O D Y N R E K Y X R L E N V L
L L O O S T R O G T T N R M Y U U E J O
O U A R P C T R G N E R Q O P W T B N O
C Z K N U I O Y B V U R O X W V I H O W
V T N I S V X V P V P S D P E T I K O F
T T S A K B N R E T S E W C N M R M W I
L W K S S I L Z P T N M W I D M R A V Q
```

Answers on page 151.

THIS GREAT LAKE IS THE LOWEST IN ELEVATION & THE ONLY ONE OF THE 5 SHARING ITS NAME WITH A PROVINCE

WHAT IS _____?

THE BERKSHIRES ARE A CHAIN OF HILLS CENTERED IN THE WESTERN PART OF THIS STATE

WHAT IS _____?

THE WALK-IN-THE-WATER, THE FIRST STEAMSHIP ON THE GREAT LAKES, RAN BETWEEN BUFFALO & THIS MOTOR CITY

WHAT IS _____?

ITS STATE SONG, "ON THE BANKS OF THE WABASH, FAR AWAY", WAS WRITTEN BY THEODORE DREISER'S BROTHER

WHAT IS _____?

WHITE PLAINS, RYE & YONKERS CAN ALL BE FOUND IN THIS NEW YORK COUNTY

WHAT IS _____?

ATLANTIC CITY
AUGUSTA
BALTIMORE

CAPE CHARLES
CAPE MAY
CHICAGO

LAKE MICHIGAN
NANTAHALA FOREST
NEW YORK

OCEAN CITY
PANAMA CITY

PENSACOLA
PHILADELPHIA

ROCHESTER
SHENANDOAH FOREST

```
J  K  Y  K  I  A  I  K  A  U  G  U  S  T  A  I  R  T  V  H
P  G  P  H  V  I  N  D  I  A  N  A  Q  T  R  E  F  U  Y  E
E  B  A  M  M  H  R  K  L  P  F  B  V  V  T  U  V  T  F  E
R  A  N  J  A  D  C  N  T  Y  W  V  N  S  C  J  I  S  G  Y
O  A  A  F  S  R  Z  D  G  K  Y  E  E  Z  F  C  H  O  P  R
M  Y  M  K  S  O  T  O  D  V  W  H  W  H  C  E  H  A  N  A
I  Q  A  O  A  C  H  G  Q  Y  C  U  W  I  N  Y  G  L  Z  Q
T  L  C  I  C  E  G  P  O  T  Y  B  T  A  C  O  Q  O  Y  J
L  A  I  R  H  A  O  R  S  G  E  N  N  R  A  J  J  C  L  Y
A  K  T  A  U  N  K  E  I  D  A  D  E  W  P  Q  T  A  D  J
B  E  Y  T  S  C  W  F  D  L  O  T  Z  W  E  I  R  S  E  V
Z  M  N  N  E  I  H  P  T  A  S  X  I  Z  M  G  S  N  T  H
K  I  V  O  T  T  K  A  H  E  W  C  R  M  A  F  S  E  R  J
X  C  B  E  T  Y  A  F  H  T  H  X  O  I  Y  P  J  P  O  H
L  H  R  K  S  Y  O  C  G  H  M  X  L  J  X  U  T  Y  I  M
Z  I  F  A  A  R  O  J  P  B  O  G  A  C  I  H  C  S  T  H
J  G  L  L  E  R  S  E  L  R  A  H  C  E  P  A  C  W  G  X
S  A  H  S  N  A  N  T  A  H  A  L  A  F  O  R  E  S  T  M
L  N  T  D  A  E  E  H  F  C  X  T  H  F  M  F  R  A  Q  W
P  O  X  C  A  I  H  P  L  E  D  A  L  I  H  P  W  Q  V  N
```

Answers on page 151.

THE OREGON SPECTATOR WAS THE FIRST OF THESE ON THE PACIFIC COAST

WHAT IS _____?

SAN RAFAEL IS THE SEAT OF THIS AFFLUENT COUNTY NORTH OF SAN FRANCISCO

WHAT IS _____?

EARLY RESIDENTS OF THIS "GEM STATE" INCLUDED THE PEND D'OREILLE INDIANS, NAMED FOR THEIR EARRINGS

WHAT IS _____?

FROM THE BOOK OF MORMON, THIS WORD MEANING "HONEYBEE" WAS APPLIED TO UTAH BEFORE IT BECAME "UTAH"

WHAT IS _____?

THE NAME OF THIS "SILVER STATE" COMES FROM THE SPANISH FOR "SNOW-COVERED"

WHAT IS _____?

BAKERSFIELD

CATALINA ISLAND

COCONINO FOREST

COLORADO SPRINGS

COLUMBIA RIVER

FLATHEAD LAKE

GRAND CANYON

GRAND TETONS

GREAT SALT LAKE

IDAHO FALLS   **LAKE TAHO**   **SNAKE RIVER**
KAYENTA   **SANTA FE**   **TROUT CREEK**

```
S R E U K Z K I L N E W S P A P E R D K
L S K B Z F Z I O F I E V J Q I Y E C K
W N D G R E A T S A L T L A K E U Q P A
B O N L V X V B N L O D M E Y S I Y K I
H T A B U W P L Q N Z J J U L Z H D R R
Z E L Y X O F S L T Q Q E N G E Z N J E
E T S N X G G R A N D C A N Y O N O O V
C D I H Y Q B I L S A N T A F E V N O I
Q N A R S L L A F O H A D I T O T Z T R
N A N N Z B F X O Y G T E R E S E D Y A
R R I T E P V M A R I N C O U N T Y F I
V G L C O L O R A D O S P R I N G S A B
N C A F S L D L E I F S R E K A B H T M
R T T X P D T R O U T C R E E K C O N U
B W A T O N E K A L D A E H T A L F E L
Y V C H B U S I Y V G A M N I K J U Y O
I I A A N E V A D A T J F A Y M T W A C
E D B P A K A N R E O H A T E K A L K P
I X B F C D R E V I R E K A N S V I L N
K C Z A V T S E R O F O N I N O C O C Q
```

Answers on page 151.

AFRICAN GEOGRAPHY

THIS CAPE WAS GIVEN ITS PRESENT NAME BY KING JOHN II OF PORTUGAL

WHAT IS _____?

MASERU IS THE CAPITAL OF THIS KINGDOM THAT'S COMPLETELY SURROUNDED BY SOUTH AFRICA

WHAT IS _____?

SUDAN'S NATIONAL MUSEUM IS IN THIS CAPITAL CITY

WHAT IS _____?

IT EXTENDS INTO NAMIBIA, BUT THE MAJORITY OF THIS DESERT IS IN BOTSWANA

WHAT IS _____?

THE SAHARA'S HIGHEST POINT IS EMI KOUSSI, AN EXTINCT VOLCANO IN THIS COUNTRY WITH A 4-LETTER NAME

WHAT IS _____?

ALBERTINE RIFT
ATLAS RANGE
CAPE AGULHAS

CAPE VERDE
INDIAN OCEAN
KILIMANJARO

LAKE CHAD
LAKE NGAMI
LAKE TSANA

MADAGASCAR
MALI

RED SEA
SAHARA

SINAI PENINSULA
SUEZ CANAL

```
G W G H O N A I O X A I A C U C O C V N
X S J Q G O R A J N A M I L I K S T B R
Y X A V A E B E G V N X W X N I A K V B
X C R H C A G L A L F B B L O A L W G Z
R U C M L A J N E D G N Q V I X B U G M
W R A Y E U P P A S P G V C P L E R H U
P L X P B A G E M R O O X Z Z A R A S W
I N R O B E V A V G S T U J L K T C S G
Y E Z G Y S Y K E E Z A H V P E I S M O
F F Z W F D E W G P R C L O J T N A U O
M I S A Y E R A W L A D P T Q S E G O D
I K U O U R G N C E J C E B A A R A T H
S I N A I P E N I N S U L A F N I D R O
Q O M S U N Z V B A L W R J V A F A A P
K X G L A N A C Z E U S A M K K T M H E
U I N D I A N O C E A N U Y C H A D K E
D Z N K L A K E C H A D D Y A R A H A S
Q X W Q R S Y F C N Z X Q F U H M R T R
K H G G W U W G L Y L A K E N G A M I X
N Y I B C L J D M I I R A H A L A K J E
```

Answers on page 152.

ENDS IN "ISM"

THIS JEWISH MOVEMENT THAT BEGAN IN THE LATE 1800s LED TO THE ESTABLISHMENT OF ISRAEL IN 1948	WHAT IS _____?
COPYING YOUR TERM PAPER DIRECTLY OUT OF AN ENCYCLOPEDIA	WHAT IS _____?
ONE OF THESE CAN BE "OF FIRE" OR BY IMMERSION IN WATER DURING A RELIGIOUS RITE	WHAT IS _____?
MANORIALISM WAS THE ECONOMIC BASIS OF THIS SYSTEM OF POLITICAL OBLIGATION IN THE MIDDLE AGES	WHAT IS _____?
ANDRE BRETON WAS A FOUNDER OF THIS ARTISTIC MOVEMENT IN WHICH IDEAS GREW OUT OF THE SUBCONSCIOUS	WHAT IS _____?

ALARMISM	BEHAVIORISM	CONSUMERISM
ALCOHOLISM	BOTULISM	DARWINISM
ANACHRONISM	CABALISM	DEISM

ECOTOURISM
EUPHEMISM

FEMINISM
GNOSTICISM

MONOTHEISM
NEOLOGISM

```
A B S E P V I P A I M S I M E H P U E Q
L W E A L A R M I S M W G B Z F H J L W
C C K Y S F Q Y C F Z M R A M M Y D P Z
O M X G A P H A E I S C J P O M X A I Y
H A L Q B L N M O I A J K T N S M R N Q
O V M K E F I N R T X P B I O I S W H E
L O B S S N I O A W C I P S T L I I M T
I M N K I S I S M N J D P M H U R N S Z
S Q K S M V V E V S A V P S E T U I I H
M J M X A E B B L B I C D W I O O S L B
G D N H F N P L R O Z L H B S B T M A J
N F E J K E U O K A B J A R M K O X D R
O B C O N S U M E R I S M E O Z C A U L
S R B M S I G O L O E N G Z R N E X E O
T U V R M Z O X J M G K J H D R I Z F L
I J N O O H J W S A H T H W W T U S M I
C G Q G P D W I W Y V N M U J B J S M Z
I N G E L Q E Y J C T T Q Z G T D W N N
S D E V S D M P L A G I A R I S M R L Z
M O A M W M S I L A B A C J M P O F U V
```

Answers on page 152.

MOUNTAINS

PHOTOS FROM 1949 SHOW WHAT SOME BELIEVE ARE THE RUINS OF NOAH'S ARK ON THIS MOUNTAIN

WHAT IS _____?

THE PINDUS MOUNTAINS OF THIS COUNTRY SEPARATE THESSALY FROM EPIRUS

WHAT IS _____?

EARLY SETTLERS IN OREGON CALLED THE "3 SISTERS" IN THIS MOUNTAIN RANGE FAITH, HOPE & CHARITY

WHAT ARE _____?

THIS MOUNTAIN NEAR LOS ANGELES WAS NAMED FOR PATTON'S GRANDFATHER & IS HOME TO A FAMOUS OBSERVATORY

WHAT IS _____?

ON JULY 4, 1961 THIS COLORADO PEAK WAS DESIGNATED A NATIONAL HISTORIC LANDMARK

WHAT IS _____?

ALPS

BLANCA PEAK

CAMELBACK MOUNTAIN

DENALI

GANNETT PEAK

GRAND TETON

HUMPHREY'S PEAK

KINGS PEAK

MATTERHORN

MOUNT ELBERT
MOUNT EVEREST

MOUNT WHITNEY
PIESTEWA PEAK

ROCKY MOUNTAINS
SIERRA NEVADA

```
S R O K A E P T T E N N A G A W H G P M
G U S W N K A E P S Y E R H P M U H O L
Q M A C N O T E T D N A R G Y L V U A I
B I L A N E D I V B U S O G L C N B N B
M T T M T R E B L E T N U O M T Y U I D
N G P I K E S P E A K I J N E A X U A C
K O S O P P F O Y Z S X X V R D B G T K
A I S N X P H M V S Z Q E A K A D E N M
E Z X L I L O M E Z E R L W A V A M U A
P O Z S I A Z R B H E P X K E E N O O T
S S G U L W T D L S S G G N P N U U M T
G B E C B T T N T B R Z W P A A S N K E
N U G Q Q G D N U O J D I Q C R I T C R
I G R A Z G T F U O N B A A N R Q W A H
K V O E U I R R S O M B F M A E I H B O
Y L S E D A C S A C M Y R Q L I U I L R
P I E S T E W A P E A K K T B S D T E N
M F L U T V J E M N Y Q Y C N O A N M N
Y M O U N T A R A R A T I A O E V E A W
C R R L G R E E C E P D B Z N R Z Y C T
```

Answers on page 152.

BODIES OF WATER

THIS CONTINENT STILL HAS A VAN DIEMEN GULF, THOUGH VAN DIEMEN'S LAND BECAME TASMANIA

WHAT IS _____?

LESS THAN HALF THE SIZE OF THE PACIFIC, IT'S THE THIRD-LARGEST OCEAN

WHAT IS _____?

THE SEA OF CRETE IS THE SOUTHERNMOST PART OF THIS SEA, AN ARM OF THE MEDITERRANEAN

WHAT IS _____?

THE MAIN FALLS OF THIS AFRICAN WATERFALL LIE BETWEEN LIVINGSTONE & CATARACT ISLANDS

WHAT ARE _____?

SEBASTIAN CABOT GAVE RIO DE LA PLATA ITS NAME THINKING THERE WERE DEPOSITS OF THIS NEARBY

WHAT IS _____?

AMAZON RIVER	COLORADO RIVER	LAKE ERIE
BLACK SEA	DEAD SEA	LAKE HAVASU
CASPIAN SEA	GULF OF MEXICO	LAKE HURON

LAKE MEAD **LAKE ONTARIO** **NILE RIVER**
LAKE MICHIGAN **LAKE SUPERIOR** **ST. LAWRENCE RIVER**

```
C  I  N  D  I  A  N  U  M  I  S  J  T  K  G  L  J  N  K  B
M  S  L  G  K  D  V  O  K  E  Y  C  M  I  X  J  I  A  D  M
Z  L  A  K  E  S  U  P  E  R  I  O  R  F  Q  B  J  E  M  C
B  U  X  P  C  B  Q  X  J  Y  Y  H  Y  O  A  G  W  G  R  M
W  B  T  E  E  G  C  A  S  P  I  A  N  S  E  A  M  E  E  R
J  U  N  H  O  N  O  R  U  H  E  K  A  L  D  C  I  A  E  S
Q  H  V  F  R  E  V  I  R  O  D  A  R  O  L  O  C  V  K  L
Q  J  G  O  I  R  A  T  N  O  E  K  A  L  S  E  I  D  L  L
R  Q  U  M  D  A  G  D  Q  I  J  I  Y  S  L  R  L  A  S  A
E  I  L  F  C  R  J  V  C  U  E  W  Y  W  E  A  K  A  A  F
V  B  F  O  A  E  S  D  A  E  D  N  I  C  K  E  P  I  E  A
I  O  O  H  J  M  U  T  R  O  N  E  N  E  M  W  V  L  S  I
R  T  F  R  O  O  H  S  K  I  E  E  H  I  M  L  Q  A  K  R
N  B  M  G  F  W  V  D  L  I  R  A  C  V  H  X  C  R  C  O
O  K  E  N  X  Z  P  E  R  W  V  H  S  N  P  V  H  T  A  T
Z  N  X  A  P  H  R  E  A  A  I  R  E  X  E  J  T  S  L  C
A  F  I  L  U  I  E  L  S  G  U  I  J  O  M  T  D  U  B  I
M  D  C  A  V  K  T  U  A  L  A  K  E  M  E  A  D  A  E  V
A  M  O  E  A  S  F  N  B  H  S  G  T  F  D  A  Q  J  Z  C
X  W  R  L  R  E  V  L  I  S  P  U  L  U  X  R  J  C  X  Y
```

Answers on page 153.

HISTORIC QUOTES

TRUMAN SAID THAT HE FIRED THIS GENERAL "BECAUSE HE WOULDN'T RESPECT THE AUTHORITY OF THE PRESIDENT"

WHO IS _____?

ON JULY 19, 1988 HE SAID, "WE ARE ALL PRECIOUS IN GOD'S SIGHT—THE REAL RAINBOW COALITION"

WHO IS _____?

IN 1798 HE TOLD HIS TROOPS IN AFRICA, "PYRAMIDS FORTY CENTURIES LOOK DOWN UPON YOU"

WHO IS _____?

"A FOOL AND HIS MONEY ARE SOON ELECTED", SAID THIS HUMORIST WHO DIED IN 1935

WHO IS _____?

THIS TEAMSTERS LEADER TOLD REPORTERS, "I DO UNTO OTHERS WHAT THEY DO UNTO ME, ONLY WORSE"

WHO IS _____?

(FIND WORDS IN ALL CAPS)

"DO NOT GO WHERE THE PATH MAY LEAD, Go INSTEAD Where THERE IS NO Path AND LEAVE a TRAIL."

— RALPH WALDO EMERSON

```
H K Z Y U J R N T R A I L I Q R T P R N
N W O J W R L W U M V G U I V X Z F B Y
O S V B E E F K N L R S W I Z F A J G S
S E K P D S B S T K A U Z Q D N A R H T
R B A U B O S R V M H Y D A W V T X Q T
E D T H T H J E D H I B K A O L Y S Y W
M B A M Z I B J J V T H N O E L O P A N
E T N G Y A N G I A T A C Y R P I O S N
O A F E Q J E P U V C H P A A N Y N U R
D A L T I J E J W P U K E V P M C I J G
L W E H R I X D Z I W P S R U Z K R E G
A N Y D T V Q B D M H X W O E L U B O S
W W I N S T E A D N E P X E N N P P J K
H X F J Q B J T U X R P L H W U R Q E E
P M O K C S O Y L L E I H D A E L I W H
L X Q R I N C E R M R U H T R A C A M T
A Z B H J L A W V S W I L L R O G E R S
R C R J M V B U X H Q V K M H T Y F Z Z
N X H Q E F Y S K B Z G R T I E L A E O
Z A F F O H Y M M I J A T G T W N A K U
```

Answers on page 153.

WORLD CAPITALS

PROVERBIALLY, IT'S WHERE "ALL ROADS LEAD"

WHAT IS _____?

PHYSICIST NIELS BOHR WAS BORN IN THIS DANISH CAPITAL IN 1885

WHAT IS _____?

NOW JAMAICA'S CAPITAL, IT WAS FOUNDED TO REPLACE PORT ROYAL, WHICH WAS DESTROYED BY AN EARTHQUAKE

WHAT IS _____?

THIS CAPITAL IS A PORT LYING ON THE STRAITS OF FLORIDA & SHARES ITS NAME WITH A CAMILA CABELLO SONG

WHAT IS _____?

THIS SWISS CITY IS IN THE FERTILE NORTHERN FOOTHILLS OF THE ALPS ON THE AARE RIVER

WHAT IS _____?

ABU DHABI   **CAIRO**   **DAKAR**
ABUJA   **CANBERRA**   **FREETOWN**
BERLIN   **CONAKRY**   **FUNAFUTI**

GIBRALTAR
HAMILTON

HANOI
MOSCOW

NUUK
PARIS

```
U B T V E F Q Z B P U Y A L Q N I H J V
N C G M C E C C D W H B B P J Y P S K F
Z B O B H W M N Y D U U T U L A C C H K
B R D L T M H T P D R O O E A W R O N T
E L D Z A A H K H C C G F C Y Q A P O D
R L Z S N Q U A Y H A B I U R A T E J O
N O M O V R B T A R N S A L K V L N W E
F F I G M I F V R R A F D W A S A H J T
B U A Q I L A E J P A Z H I N K R A K Q
Z N G W C N B L F T N K E V O E B G Q F
Q A O T A N Y N O Z Z P A Z C O I E K Z
D F B H A X H U B U R J R D F G G N P C
V U V C X P N U E L C N W O T E E R F X
O T D K O J H K R C X K H I X Y B B C T
R I A B U J A Q L L A U J E F T S W Z N
T H B R B W K U I H T I U L J P V N K D
V D W D B Q A X N N G E R J B J A I D Y
Y H U S V L M O S C O W Y O F N L R E K
V Z N B P O E P G P G X L T R H V R I Z
Y U N O T S G N I K T N O T L I M A H S
```

Answers on page 153.

STATE CAPITALS

A SLOGAN OF THE NEW JERSEY CAPITAL READS: THIS CITY "MAKES, THE WORLD TAKES"

WHAT IS _____?

IT LIES AT THE HEAD OF NARRAGANSETT BAY

WHAT IS _____?

IN 1692 THE SPANISH REGAINED CONTROL OF THIS FUTURE NEW MEXICO CAPITAL FROM THE PUEBLO INDIANS

WHAT IS _____?

THIS SMALL CAPITAL LIES AT THE WESTERN EDGE OF KENTUCKY'S BLUEGRASS REGION

WHAT IS _____?

A STATUE OF ETHAN ALLEN GRACES THE CAPITOL BUILDING PORTICO IN THIS VERMONT CITY

WHAT IS _____?

ANNAPOLIS	BATON ROUGE	DOVER
ATLANTA	BOISE	JUNEAU
AUGUSTA	DES MOINES	LITTLE ROCK

MONTGOMERY   **SACRAMENTO**   **TALLAHASSEE**
PHOENIX   **SPRINGFIELD**   **TOPEKA**

```
P C F E C N E D I V O R P K N E M J H T
S Y L A N N A P O L I S R A O D I Q Z D
E Q I K K E Q Z J U U T E I T E N S W P
F M S L E G F R E M L B E H N S W D F X
C R X I I B U A T C D H S Q E M P X R Y
X P F C M J S E T A I K S A R O R I R R
K E A T L A N T A N T V A Q T I Y K P E
R F B O I S E W I B A O H K Y N I B X M
M O N T P E L I E R J S A Y W E R I D O
K F A S X N U E A U D J L P J S H L L G
D Z Z A I R R P N G T T L H Z B E L T T
O T L C N U D E L M E Z A G A I I R L N
V F A R E B A H X G I F T T F T O Q T O
E S E A O U Y I J M O A O G T F V Z O M
R L G M H X Z N T O S N N L K F T G S Z
F B V E P K X I Z A R I E N D D I I P F
E U J N C A Q E X O R R A A T S U G U A
U U O T L K E B U P O R B L G H Z E N C
W O G O M A U G S C F B E J A K E P O T
U B M B J A E P K C V Q X V Q X C X D B
```

Answers on page 154.

THIS TERM, GERMAN FOR "LIGHTNING WAR", WAS USED TO DESCRIBE THE CAPTURE OF POLAND BY GERMANY IN 1939	WHAT IS _____ ?
THE FALKLAND WAR BETWEEN ENGLAND & ARGENTINA WAS OVER CONTESTED TERRITORY IN THIS OCEAN	WHAT IS _____ ?
ON JUNE 25, 1950 FIGHTING BROKE OUT ON THE 38th PARALLEL, THUS BEGINNING THIS WAR	WHAT IS _____ ?
THE AMERICAN BRIGADE THAT FOUGHT IN THE SPANISH CIVIL WAR WAS NAMED FOR THIS PRESIDENT	WHO IS _____ ?
IN 1974 THE MILITARY OVERTHREW THIS AFRICAN LEADER WHO CLAIMED TO BE A DESCENDANT OF KING SOLOMON	WHO IS _____ ?

ATOM	**ENVIRONMENTALISM**	**HOLLYWOOD**
COMPUTING	**FROZEN FOOD**	**INTERNET**
CRUISE SHIPS	**HIP HOP**	**NUCLEAR POWER**

ROCK 'N' ROLL
SPACE EXPLORATION

TECHNO
TELEVISION

WORLD WAR I
WORLD WAR II

```
C O K N R E I S S A L E S E L I A H H Z
U R N N L O S G Q U G E I R K Z T I L B
U F U H K O C G N I T U P M O C C A E R
F S I I C X C K L Q H W A M N I I M L Z
J E P N S E C N N H J U F Y T R T S N E
F M B A T E T L I R G Z C M M A N I A D
R I U U C E S I J L O M X F X W A L J K
O X J J Y E R H L H M L R L N D L A I O
Z P P P H P E N I H X A L A H L T T N R
E Z N U V X I X E P I L H U G R A N U E
N V O B V I I L P T S P A A E O Y E C A
F W I R C D Z I I L G O H F R W O M L N
O Z S J G E O Y R N O H C O L B X N E W
O B I Y W B V O V A Y R N F P Q A O A A
D C V T S N C Q W D W L A U Y L E R R R
G A E A H D K C M Y X D J T G P O I P R
N V L F V M G O E N L Y L H I W A V O G
R T E R R W T Q P D Q L R R X O V N W S
D Q T S W A F B N N L F O G O A N E E B
Z A C Z J E X C K S V Y K H U W N S R J
```

Answers on page 154.

THE 13 COLONIES

IN 1676 THIS VIRGINIA SETTLEMENT WAS BURNED TO THE GROUND DURING BACON'S REBELLION

WHAT IS _____?

DOMINATED BY QUAKERS, ITS LEGISLATURE WAS RELUCTANT TO GET INVOLVED IN ITS WESTERN INDIAN WARS

WHAT IS _____?

IT WAS THE LAST COLONY FOUNDED & THE ONLY ONE ESTABLISHED IN THE 18TH CENTURY

WHAT IS _____?

IN 1741 KING GEORGE II SET THIS COLONY'S SOUTHERN BORDER WITH MASSACHUSETTS

WHAT IS _____?

LAST NAME OF THE FAMILY THAT REGAINED CONTROL OF MARYLAND FROM THE CROWN IN 1715

WHAT IS _____?

DELAWARE
MARYLAND
MAYFLOWER COMPACT

MERCANTILISM
NEW ENGLAND
NEW JERSEY

NEW NETHERLAND
NEW YORK
REPRESENTATION

REVOLUTION
RHODE ISLAND

ROANOKE
ROGER WILLIAMS

SLAVERY
TAXATION

```
M V F N E W Y O R K E T L I V Y O I P B
F L Z T Y E S R E J W E N Z S V E B N X
Y Q U N U S M A I L L I W R E G O R O N
D W I V E K J Z D T R E V L A C R T I O
D C I P E N N S Y L V A N I A K C J T I
K S M A R Y L A N D O V N N M A E K A T
D R H Y Q B H B T V I N S V P R S J X A
N P V E K O N A O R C H N M I T N A A T
A R E V O L U T I O N E O H M D L M T N
L K T Y I H Z F Z G W C S N E I J E A E
S E Y C Z P X E S N R P H D R L L S C S
I A G H O Y Y L E E M F E Q C P T T R E
E K W X D R X T W A I L D F A W Z O U R
D N C D E Q H O H H A T B S N D W W G P
O S O V B E L W G W S X B Z T D Y N E E
H Z A I R F E M A N K T E Y I D J I O R
R L U L Y N E R M Q Z S X E L B K L R J
S B A A W I E Q E K F R N K I E F N G K
Q N M K F Z X B P K L A E L S E U N I B
D Y Z O D N A L G N E W E N M T P D A B
```

Answers on page 154.

EXPLORERS

EXPLORER GERTRUDE BELL HELPED FOUND THE NATIONAL MUSEUM OF IRAQ IN THIS CAPITAL	WHAT IS _____?
IN MAY 1953 EDMUND HILLARY WAS ON TOP OF THE WORLD, OR AT LEAST ON TOP OF THIS HIGHEST MOUNTAIN	WHAT IS _____?
AFTER MOVING TO SPAIN IN 1485 HE USED COLON, THE SPANISH VERSION OF HIS NAME	WHO IS _____?
IN 1514 THIS EXPLORER RECEIVED A ROYAL COMMISSION TO COLONIZE FLORIDA	WHO IS _____?
IN THE 1300s, IBN BATTUTA OF THIS AFRICAN KINGDOM COUNTRY EXPLORED LANDS AS FAR AS CHINA & KENYA	WHAT IS _____?

ANN BANCROFT   DIOGO AFONSO   JOSEPH BANKS

BENEDICT ALLEN   GEORGE BACK   JUAN DE AYALA

CHARLES ALBANEL   HONG BAO   ROBERT BALLARD

SAMUEL BAKER   **WILLIAM ADAMS**   **WILLIAM BAFFIN**

```
U U A D A D R A L L A B T R E B O R H X
R N W N S P O I J P Z L O N W M A V P Q
E M L F N M Q I I V E F T B C G S Z N X
K J K E T B O G Z O K Z I K P B U I J K
A U N L N X A U E D I D G E G S B N I H
B A P O S A B N N O A F B R B R M D F K
L N Z M P V B W C T R D S V W C U F N I
E D Y W N L G L C R E G H V O T L S W O
U E B W O D B X A H O V E G T D O R I Z
M A T Y X L T U O S I F E B A J C L L D
A Y O A B G N O H Z E H T R A B Y Q L Z
S A K U M Y C C W Z Q L S W E C A X I E
F L Y O M O R O C C O J R J W S K F A B
H A Z H H Y K M R M B W D A J K T O M D
T B E N E D I C T A L L E N H X F X B J
O T W A F H G N F B E J R L X C N O A B
S X Z N O E L E D E C N O P Y T V B F B
P E O G D I O G O A F O N S O U W P F O
Y A L E S M A D A M A I L L I W J P I V
T X B E E H B J O S E P H B A N K S N J
```

Answers on page 155.

SCIENTIFIC DISCOVERIES

HE DISCOVERED CALCULUS & FORMULATED THE LAWS OF MOTION	WHO IS _____?
THIS BRITISH NATURALIST'S GRANDFATHER ERASMUS HAD EARLIER DEVELOPED HIS OWN THEORY OF EVOLUTION	WHO IS _____?
ROBERT WATSON-WATT'S DEVELOPMENT OF THIS USE FOR RADIO WAVES HELPED WIN THE BATTLE OF BRITAIN	WHAT IS _____?
HE DISCOVERED THAT HEATING WINE KILLED THE MICROBES THAT MAKE IT TURN SOUR	WHAT IS _____?
SCIENTISTS LOOKING FOR SYNTHETIC RUBBER DURING WWII DISCOVERED THIS TOY THAT LIFTS IMAGES OFF A PAGE	WHAT IS _____?

ABSOLUTE ZERO	**DARK MATTER**	**ENTROPY**
ACCELERATION	**DOPPLER**	**GEOMETRY**
ANESTHESIA	**ELECTRICITY**	**HELIOCENTRISM**

HIGGS BOSON
MAGNETISM

REACTION
REFRACTION

SOLAR SYSTEM
SPEED OF LIGHT

```
Y R T E M O E G I C N Z H Z N J E T W C
J B S T W Y U K Z A O X E I O D B M J R
Z M H L J B Z D Y C T Z L A I Z N S X O
Y R S H V M D R P E W S I M T O R O O X
G C Y I X F T H O Y E C O V C V E L R D
C R H T T R K H R T N M C K A V F A U E
D Q D A I E H C T K C L E N E M R R E B
N R H X R C N W N H A O N N R A A S T O
N O E S N L I G E G A V T H K B C Y S R
X E I R P N E R A J S X R B O S T S A E
N D T T A E O S T M I I I P F O I T P T
X N K R A D E S D C W C S K E L O E S T
U B Y Q U R A D O A E N M B W U N M I A
B O M T X C E R O B R L J W K T Z R U M
C H Y E A X I L E F S W E L K E K E O K
B Z N J V A W A E I L G I V E Z S L L R
E B N T Y Z O I Z C Q I G N G E T P A A
Y T T U P Y L L I S C U G I Q R C P K D
R W A W S Z M B R D P A R H H O N O M S
A N E S T H E S I A O C H Q T N P D F E
```

Answers on page 155.

POP MUSIC

THIS ONE-NAMED SINGER WAS STILL A TEENAGER WHEN "ROYALS" PUT HER ON THE MAP

WHO IS _____?

THIS SINGER SAMPLED A TALKING HEADS SONG FOR HER HIT "BAD LIAR"

WHO IS _____?

THIS BRITISH BOY BAND GAVE US THE IMMODESTLY TITLED "BEST SONG EVER"

WHAT IS _____?

THIS NEO-SYNTH POP GROUP THAT HAD A HIT WITH "POMPEII" HAS THE SAME NAME AS A FRENCH PRISON

WHAT IS _____?

THE NAME OF JANELLE MONAE'S DEBUT EP CAME FROM THIS 1927 SILENT GERMAN FILM INVOLVING AN EVIL ROBOT

WHAT IS _____?

ADELE
ARIANA GRANDE
BRITNEY SPEARS

DANNY BROWN
ED SHEERAN
JAY-Z

JONAS BROTHERS
JUSTIN BIEBER
KATY PERRY

LADY GAGA
MADONNA

PRINCE
RIHANNA

TAYLOR SWIFT
TRAVIS SCOTT

```
G M A L J H X M J S I L O P O R T E M W
G R G J X E X Z U L H I S Q V T X D Y A
P N A V Q G O E S R C O N Q V E B G D N
W W G O Y B O M T T S V E U U A Q E R I
X B Y U P T V O I U E B G B S U L T L J
N J D K C A U G N F J Y V T X E G G W K
O G A R R Y E A B F X W I T N B Y O L D
I T L X I L C N I G K L Q A R A Z E A A
T P F W H O N E E G L R R I I T D N R E
C D X J A R I L B E J E T Y T N N O A L
E W B B N S R E E N E N C O A Y L N O J
R K H M N W P S R H E L C R B V N S X R
I A L Z A I K D S Y T S G R E O E E E I
D T U A P F N D S X S A O X D A R D L Y
E Y Q R J T E P H I N W M A V A N P T A
N P Z E M U E F V A N Z M J C G M B A D
O E Y C H A R A I J J G J A Y Z Z Y A K
P R W L R C R R E D R O L N O O H T E X
G R K S C T A D Q V J D K Q P Y P P O C
T Y L S Y J O N A S B R O T H E R S K I
```

Answers on page 155.

ASTRONOMY

IN 1991 RADAR IMAGES HINTED THAT THERE WAS ICE AT THE NORTH POLE OF THIS INNER PLANET

WHAT IS _____?

OUR SUN IS CLASSIFIED AS THE YELLOW TYPE OF THESE "SMALL" STARS

WHAT ARE _____?

THE CRAB NEBULA IS THE REMNANTS OF A "SUPER" ONE OF THESE, OBSERVED & RECORDED IN 1054

WHAT IS _____?

THIS SECOND-LARGEST PLANET TAKES ALMOST 30 YEARS FOR 1 SOLAR REVOLUTION

WHAT IS _____?

OVER 14 TIMES THE MASS OF THE EARTH, THIS PLANET IS THE SEVENTH FROM THE SUN

WHAT IS _____?

BLAZARS
COMETS
CONSTELLATIONS

ECLIPSE
GAMMA RAY
METEORS

MOONS
NEBULA
PLANETS

| PULSARS | RADIATION | TITAN |
| QUASARS | STARS | VENUS |

```
M N M C Y U H R A S T E M O C H W P Q R
Q E A A M H K F N X K F L U A T G D F Z
G S R T L F D L Q S S E H O S J W H J Z
T U U C I U Q S V T R N N B B O O W B D
Q H M P U T B R T E A O K P L W U K E Q
Q Y J W E R Q E O N T I I R A Q O J L M
U V A E Q R Y T N A S T F N Z D K I M M
A B I R C U N U F L D A V R A L S A T B
S Y T T A D O O K P W I J U R K Y S U L
A K D N S M A K V A A D W T S M N E E Z
R U S U P G M M M A R A U A N O O M M C
S D A A D X W A I S F R Q S O K Z H O Y
S R A S L U P Q G V S C C M V A O G S U
C M F A P D W O C W T L B V E E Y G Q Y
M B E C L I P S E C A Z G D N F M R H U
Q B R E X Q K Z T U R U N I U U R L R O
Q L K X G J I W W N S X H H S A B A E Y
P S D S J V E L B D J M Z D X D N L S M
C O N S T E L L A T I O N S A U O V W I
Z T T J V S R O E T E M S F S O A Y T I
```

Answers on page 156.

PHYSICS

JAMES WATT DETERMINED AN AVERAGE ONE OF THESE COULD PULL 33,000 FOOT-POUNDS OF COAL

WHAT IS _____?

ONE OF THE SIMPLE MACHINES OF PHYSICS, ONE TYPE IS ADDED TO BUILDINGS FOR HANDICAP ACCESS

WHAT IS _____?

AN EXAMPLE OF THE CONSERVATION OF MOMENTUM IN ACTION IS THIS KICK FELT BY A PERSON WHO FIRES A GUN

WHAT IS _____?

THE CHANGE IN PITCH OF A TRAIN WHISTLE IS AN EXAMPLE OF THIS EFFECT

WHAT IS _____?

IN 1942 THIS ITALIAN-BORN PHYSICIST PRODUCED THE FIRST CONTROLLED SELF-SUSTAINING FISSION REACTION

WHO IS _____?

ACOUSTICS
ELECTROMAGNETIC
ENERGY

FORCE
HIGGS BOSON
KINETICS

MOTION
OPTICS
POTENTIAL

RADIATION　　　　　**SPACE**　　　　　**TIME**
RELATIVITY　　　　　**SPEED**

```
H Y R C E A F P L D A J C E W L D U R A
O B X U N T C Y T G V U A J W N Q I E A
R H C O T Y G Z W U I L C X N D S C E U
S U Y T K Z Z C D E E P S L M N R L J O
E N O S O B S G G I H O P U D O E E V Q
S C I T P O T U N R H A X O F C Z Y F U
C I N C L I N E D P L A N E T E X T F F
D O P P L E R F N B S D S R B N P I R Z
J N E H N H Y X Z N D P O Z R R U V A Y
Y T F F T Q F S V C W M C R A I F I D G
U L A I T N E T O P A E N C K C Y T I R
W H W K A S R T T G T Q O I A O F A A E
T M Y A P E I Q N I U U N N P F U L T N
H B D C C M E E W T S E T W Y E J E I E
B F Y O E T T T L T T S M W R R S R O Y
O B I I W I X A I I Z K P O I M M G N V
P L X P C K V C C Q O I M A T I L W Y U
B S B H B H S S P O H E V T C I J U Z R
F A U A F D S T O K I R F E E E O N D U
A T D X P X N O D D H S Z R F O Z N J E
```

Answers on page 156.

CHEMISTRY

COLLECTIVELY ARGON, HELIUM, KRYPTON, NEON, RADON & XENON ARE KNOWN BY THIS "HEROIC" NAME

WHAT ARE _____?

IN 1916 G.N. LEWIS PROPOSED THAT ATOMS IN A MOLECULE BOND BY SHARING A PAIR OF THESE PARTICLES

WHAT ARE _____?

IN 1923 BRONSTED & LOWRY FIGURED OUT THAT THESE SUBSTANCES DONATE PROTONS TO BASES

WHAT ARE _____?

THE CARBON DIOXIDE MOLECULE CONTAINS THIS MANY OXYGEN ATOMS

WHAT IS _____?

THIS MAN WHOSE NAME IS ON A LABORATORY BURNER INVENTED A CARBON-ZINC ELECTRIC CELL

WHO IS _____?

ALKALINE
ATOMIC NUMBER
ATOMS

CARBON
CHEMICALS
COVALENT

ELEMENTS
IONS
ISOTOPES

METALS   **MOLECULES**   **SUBSTANCES**
MINERALS   **OXIDATION**

```
Q D M E T A L S P R M O X I D A T I O N
F L F J N J W R B J C E M S X D C D G E
R E B M U N C I M O T A V Y D A S H N L
P L S D E U Q M K L N E Q S R U A N E X
M H B M I N E R A L S P M B B L R U Z I
I E P S N O R T C E L E O S K A R Z N E
C N X L M H B B X F M N T A D K C N O G
D L E H P H H L A K C A L X A U L L B V
C A I S Z T M D K Z N I U J C D A F L E
P X S X N J O O O C N K P G C P D D E A
A Y T W B U M F E E U Z R K O U B O G R
K W N S U S B S O W T K L M V J P H A B
I K E L C E V T H G Y H B O A W J J S A
S Q M A Q P E C R F Q M B L L W C A E V
D P E C L O D Q G E H L B E E N E J S A
I Z L I O T A S U F B J A C N U L U A T
C W E M Z O K A N W U O I U T P O M G O
A V D E G S E K Q O E L R L I L N D Z M
Q S S H Q I X J P L I K T E Q V X J B S
S W J C M I E M P L J L K S D I A H S U
```

Answers on page 156.

BIOLOGY

ERYTHROCYTES ARE KNOWN AS CELLS OF THIS COLOR	WHAT IS _____?
THE ADULT HUMAN BRAIN IS MADE UP OF MORE THAN 10 BILLION OF THESE NERVE CELLS	WHAT ARE _____?
IT'S WHAT THE "M" STANDS FOR IN mRNA, A SINGLE-STRANDED TYPE OF RNA	WHAT IS _____?
THIS TYPE OF CELL DIVISION TAKES PLACE IN 4 STEPS: PROPHASE, METAPHASE, ANAPHASE & TELOPHASE	WHAT IS _____?
BY DEFINITION, EDENTULOUS ANIMALS DON'T HAVE THESE	WHAT ARE _____?

ANAPHASE
BACTERIA
BOTANY

CELL
EXOSKELETON
FINGERNAILS

INVERTEBRATE
METABOLISM
METAPHASE

MICROBIOME   SPERMATOZOA   ZYGOTE

PROPHASE   TELOPHASE

```
S  G  Z  T  Z  O  S  E  S  A  H  P  A  T  E  M  M  J  F  E
R  I  A  N  E  U  R  O  N  S  L  R  F  E  H  T  B  V  D  S
C  O  N  Z  K  D  T  W  P  V  G  Y  E  Z  U  V  D  I  F  A
B  F  A  O  Z  W  W  N  A  G  U  Q  P  M  N  Q  O  O  V  H
A  H  P  O  W  B  A  S  L  I  A  N  R  E  G  N  I  F  M  P
I  T  H  W  C  M  F  C  H  G  Q  N  X  H  G  Z  I  C  I  O
R  E  A  A  O  Q  M  M  A  V  F  X  X  S  F  C  E  X  C  L
E  E  S  S  P  E  R  M  A  T  O  Z  O  A  M  S  T  A  R  E
T  T  E  M  R  J  V  N  J  I  S  N  K  Q  F  J  A  A  O  T
C  M  S  E  N  E  Y  M  N  C  C  T  O  N  V  R  R  C  B  O
A  N  S  I  L  O  G  E  E  Y  N  H  J  F  O  J  B  G  I  B
B  F  R  L  S  D  T  N  W  T  S  S  V  T  H  S  E  L  O  X
A  K  P  U  L  O  Z  E  E  P  A  Z  P  V  V  I  T  M  M  G
X  Y  B  R  H  L  T  Y  L  S  Z  B  I  S  N  Y  R  O  E  N
S  W  O  H  O  C  E  I  G  E  S  H  O  H  H  H  E  G  B  B
C  D  T  A  F  P  F  C  M  O  K  E  W  L  E  S  V  V  H  C
T  M  A  E  R  F  H  S  Z  H  T  S  M  P  I  J  N  M  O  A
E  C  N  R  M  I  K  A  M  S  D  E  O  L  D  S  I  D  T  I
T  M  Y  S  G  G  D  N  S  L  N  Y  Z  X  L  P  M  F  H  M
A  H  C  D  J  L  L  V  J  E  D  E  R  F  E  M  B  O  S  A
```

Answers on page 157.

SHAKESPEARE

SHAKESPEARE PAID PART OF THE COST OF BUILDING THIS THEATER THAT OPENED IN LATE 1599	WHAT IS _____?
SHAKESPEARE'S 37 PLAYS ARE TRADITIONALLY CLASSIFIED INTO 3 GROUPS: COMEDIES, TRAGEDIES & THESE	WHAT ARE _____?
ALLITERATIVE 2-WORD NAME FOR THE 1623 VOLUME OF SHAKESPEARE'S COLLECTED PLAYS	WHAT IS _____?
IN "THE MERCHANT OF VENICE" THIS MAN'S DAUGHTER JESSICA ELOPES WITH LORENZO	WHO IS _____?
IT'S THE LAST NAME OF THE CHARACTER WHO IS TYBALT'S KILLER & MERCUTIO'S FRIEND	WHAT IS _____?

ANNE HATHAWAY   DRAMATIST   JUDITH
"AS YOU LIKE IT"   "HAMLET"   "KING LEAR"
BARD OF AVON   HAMNET   KING'S NEW SCHOOL

LONDON   "OTHELLO"   SUSANNA
"MACBETH"   RIVER THAMES

```
P X K H F R A N N A S U S T M Q I E L L
F J C A H V O R D M P L E O L U N X O N
I K O M T E V L X Q X L N O Y T X O K Y
R A L N I S Y K L G M T N R C D H F R G
S Q Y E D D U U B A A D Q K H C Z I Q F
T Y H T U T V L H G O D S A S F V I B M
F A S R J C S P U N H E T W A E U D I A
O W K W S Q Y E B I R K E K R K M L B M
L A E O S R C K U W U N C T O S A V N A
I H U I E P U Q N K S P H L X F C E Q T
O T I M I J R B F G G A L T W T B V N X
M A Q E R G Z V N A M E T X S P E O T M
D H B A O B O I V E H A D I G P T Z J N
E E J D T K K E S T B D T X I N H Y E N
P N F V S P U A O S C A R A E L G N I K
Z N F V I V C L T M M E M V H R B M N N
P A K Q H F D D K A F W J S S B W F V Q
M C P Z J J K K R S N L L C L W W J S M
S I Z L W L S D B T I E K I L U O Y S A
D E B O L G V J A J B A R D O F A V O N
```

Answers on page 157.

NATURE

IN THE U.S., ALLIGATORS & CROCODILES CO-EXIST ONLY AT THE SOUTHERN TIP OF THIS STATE

WHAT IS _____?

SOME MEMBERS OF THE GENUS AEDES OF THIS INSECT TRANSMIT YELLOW FEVER

WHAT IS _____?

IN THE SEAHORSE, THIS PAIR OF SENSE ORGANS CAN MOVE INDEPENDENTLY OF ONE ANOTHER

WHAT ARE _____?

SHAGREEN, THE DRIED SKIN OF THIS MEAT EATER, WAS ONCE USED AS SANDPAPER

WHAT IS _____?

BLACK SPOT IS A SERIOUS FUNGAL DISEASE THAT AFFECTS THESE FLOWERS; RUGOSAS HAVE GOOD RESISTANCE

WHAT ARE _____?

ANNUAL
DECIDUOUS

DIVERSITY
ECOSYSTEM

EVERGREEN
EVOLUTION

FALLOW
FERTILE
GENUS

GRASSLAND
PERRENIAL
SPECIES

SUCCULENT
TAXONOMY

```
L G O M P Y N Z E E O E A X Q N P F W G
D C J C B L H Z U A T V C S Z U S F D O
S W S Z I G N M V D S U C C U L E N T E
E S T S J Y G E D W C U E Q S Y M V Y F
T E I U J I O T U M Q V E D M L R T L K
U S X N Z O Z S S L Z Z S O F B I O X H
P O R Z B B S Y H F X L N A V S R V N Y
E R P D P T Q S A A M O L K R I B D N C
R F R J E N C O R S X L U E D U D X I A
R C Q F N C I C K A O M V A O V M F P N
E S P W I E I E T W A I W O S S M A Q K
N I E R E N E D R K D H O T E P G I H E
I H M Y Y D N R U L P X E I O E R I L W
A N U S E I O L G O R R F U M C A B A K
L K Z N L E J S M R U X Z Q V I S U U N
L G I G G L S Z L O E S N S V E S L N T
N O I T U L O V E X F V V O I S L U N Z
D O T F E R T I L E B N E M T E A F A Z
P L A G E N U S W I D F H E S R N Q P I
A X P T U A B O D Z P D R O O B D L W U
```

Answers on page 157.

SCIENCE

A HEMODIALYZER IS A MEDICAL DEVICE KNOWN AS AN ARTIFICIAL THIS ORGAN	WHAT IS ____?
THE SECOND LAW OF THERMODYNAMICS SAYS THAT OF ITS OWN ACCORD, THIS WILL ONLY MOVE TO A COLDER OBJECT	WHAT IS ____?
AN ANEMOMETER MEASURES THE SPEED OF THIS, ANEMOS IN GREEK	WHAT IS ____?
THE MOST COMMON CAUSE OF EARTHQUAKES IS MOVEMENT ALONG THESE LINES	WHAT ARE ____?
THE TIME IT TAKES FOR 50% OF A GIVEN AMOUNT OF A RADIOACTIVE ELEMENT TO DECAY	WHAT IS ____?

ATOMS
BOND
CHEMICAL

ENERGY
FLUID
GAS

KINETIC
MATTER
MOVEMENT

NEUTRON **PHOTON** **REACTION**
PARTICLE **QUANTUM** **WAVE**

```
F I L L H K Y R E T E N E R G Y O H S Z
U I U A O F I Y T K S B R D N I W Q N M
Z U C C A F M A O N G B P B H Z Q B P A
G A S I E N K T F V N O I T C A E R P K
N U K M T L C Q V A X B R C Y O F P F K
D H K E J C R U R U S T A N A M J L K
L F P H T E Q I P A C L K L C W O W U R
F I A C J R B Z T Z N F T Z I A W K I D
K V Y W E E T E D R D T I L Z U T O D X
S U L T T C N D P H A R U P I P T O S Z
U R T V A A H E P J J P C M O N G L M B
J A X P E K V H P S E V M R T M E L V S
M U E F H A O U D F T B X K O H H S G N
Y N G Y W T R N I H G X O V W F H Z B K
E E K Q O E N L N L G U E P Q H Z O F J
N U X N P L F J P U D M S O D F N V R B
D T H E K L E E P W E K G L P D A D P C
I R L A A H U W S N J P Z E O V Z E Q E
K O H H B V Q G T Z V I Q M M P X B C K
J N U P U K I N E T I C V D K A Z E A G
```

Answers on page 158.

GEOGRAPHY

THIS ALGERIAN CAPITAL CITY IS THE SETTING OF A FAMOUS 1966 "BATTLE" FILM	WHAT IS _____?
BORDERING BRAZIL'S SOUTHERNMOST POINT, IT'S THE SECOND-SMALLEST COUNTRY IN SOUTH AMERICA	WHAT IS _____?
IT'S BOUNDED BY THE RED SEA, SAUDI ARABIA, OMAN & THE GULF OF ADEN	WHAT IS _____?
THE 1947 DISCOVERY OF THE LEDUC FIELDS BEGAN AN OIL BOOM IN THIS CANADIAN PROVINCE	WHAT IS _____?
TAHRIR SQUARE IS THE CENTER OF THIS CAPITAL'S DOWNTOWN	WHAT IS _____?

CANYON
CATSKILL MOUNTAINS
GLACIER

GREAT PLAINS
HUDSON RIVER
ICE SHEET

KETTLE
MARSH
MORAINE

OHIO RIVER VALLEY　　**SEATTLE**　　**TECTONICS**
PAPAGO MOUNTAINS　　**STEPPE**　　**WETLANDS**

```
X J G C F O Z V O V J F L I N B J D A U
D F U A N H I E L T T A E S N J R F Q C
M L A T P Z C L D T E C T O N I C S B W
W M N S X A B V R E V I R N O S D U H R
E E Y K X N P W L I O Y K Y E L T T E K
T I E I Q H V A Y I C L A Y A S E C H G
L R L L Y X U S G M D E O E I Y E M E N
A X L L Q P L R R O N W S A L B E R T A
N U A M R R A S T E M S F H M W B B D R
D R V O E G T T N Z I O W B E N V P O B
S U R U I C A K N I C G U S B E I Q A A
H G E N C W S A V X A K L N T F T P D S
H U V T A L I F F K E L P A T E V A N K
C A I A L A T O K N E Q P E R A P N C Z
A Y R I G X U K I W L N G T F U I P P Y
I Z O N X U L A F M L O C N A I Y N E X
R N I S M W R X A Y Z Y I G R E E F S B
O A H Q D O O R U K U N T E W E R Q O Z
M Y O I M E S J P Q C A D Z S A T G Q X
L M V C R H H J E Z K C I R F Z B V A N
```

Answers on page 158.

U.S. PRESIDENTS

FDR GAVE THE FIRST OF THESE TALKS MARCH 12, 1933 FROM THE WHITE HOUSE DIPLOMATIC RECEPTION ROOM

WHAT IS _____?

IN JANUARY 1918 HE SET FORTH HIS "FOURTEEN POINTS" ON WHICH HE THOUGHT LASTING PEACE COULD BE MADE

WHO IS _____?

DANIEL WEBSTER'S SON GAVE THIS MAN THE NEWS OF WILLIAM HENRY HARRISON'S DEATH, MAKING HIM PRESIDENT

WHO IS _____?

HE CARRIED 40 STATES IN THE 1928 ELECTION, 6 IN 1932

WHO IS _____?

THIS FORMER PRESIDENT WAS 90 WHEN HE DIED ON THE SAME DAY AS THOMAS JEFFERSON

WHO IS _____?

BUSH	GARFIELD	HARRISON
CLEVELAND	GRANT	JOHNSON
CLINTON	HARDING	KENNEDY

MCKINLEY   **REAGAN**   **TRUMAN**

OBAMA   **ROOSEVELT**   **WASHINGTON**

```
A V H F I R E S I D E C H A T E G M J N
C S Z G N U J D H F A M K J X B B Q A H
N D H P A M A B O M D N X M B Y V V Y O A
A N C D J O H N T Y L E R U D E C Z F R
G A K T O I N G X X C F D R L F C T W D
A L T W N U O L M N M V Y R I G X T S I
E E N Y W N O S L I W W O R D O O W B N
R V H E O X I D G R E K C H P S W S L G
W E A L L M P U G D U K E Q P G M G D E
V L R N B T F P G Y J R S W J A I B N K
W C R I X L N L G O B L T D D X K U O H
A S I K E V S N H E W G A A G K J S E H
S W S C Y V A N R D A R N W F Y L H Y R
H D O M W M S T L A V H C L I N T O N Z
I I N B U O H E P T O R F P D P H E P R
N X F R N O I R N J Z S K M U V C U D V
G X T S O F O T L E V E S O O R N T V T
T H X V R O H J H R H I W G I V C H T B
O U E A L N E O R O N E G R A N T I B D
N R G B U W U C Q E Y D E N N E K X F S
```

Answers on page 158.

PAINTERS

HIS FIRST MAJOR MURAL WAS PAINTED AT THE UNIV. OF MEXICO'S NAT'L PREPARATORY SCHOOL IN THE 1920s

WHO IS _____?

THIS FEMALE IMPRESSIONIST OF "THE CHILD'S BATH" HELPED AMERICANS COLLECT ART

WHO IS _____?

IN HIS BOOK "NOA NOA" HE WROTE ABOUT TAHITI, "HERE I ENTER INTO TRUTH, BECOME ONE WITH NATURE"

WHO IS _____?

HIS "ARRANGEMENT IN GREY AND BLACK, NO. 2: PORTRAIT OF THOMAS CARLYLE" HANGS IN GLASGOW

WHO IS _____?

LAST NAME OF JAN & HUBERT, WHO APPEAR TO HAVE COLLABORATED ON PORTIONS OF THE "GHENT ALTARPIECE"

WHAT IS _____?

BERTHE MORISOT
CARAVAGGIO
CLAUDE MONET

EDGAR DEGAS
EL GRECO
FRIDA KAHLO

GEORGIA O'KEEFFE
LEONARDO DA VINCI
MARLENE DUMAS

MICHELANGELO
PABLO PICASSO

PAUL CÉZANNE
RAPHAEL

TITIAN
TRACEY EMIN

```
D U L A D Q I M I C H E L A N G E L O B
X W V D C O H U I Q M T U L C R A J E Y
Y S Y E T O I G G A V A R A C R Y R K K
M E Z B T I L B J T V F E C E K T C I F
D N C D A C V U X M Q S V V C H H L J R
F N L U S N R J M P Q N I Y E J C T G I
K A A O S I F L D A O R E M X A I R H D
S Z U S A V K V S N O N O E K M W A G A
A E D S C A T M Q G A R L B M E W C P K
G C E A Y D B P E V I N T O V S E E A A
E L M C R O J I C S R C Y G R W L Y U H
D U O I A D D K O G U Y V A T H G E L L
R A N P M R X T A E G P P I O I R M G O
A P E O T A D P H E A H T W S S E I A T
G P T L L N I G N X A I B F W T C N U H
D Y P B R O I I K E A E O W C L O U G D
E X M A U E H X L N D J M R F E E Z U X
P R O P Z L V D J U E B A D U R W I I Y
O E F F E E K O A I G R O E G T P F N E
E P S A M U D E N E L R A M U U Y V B U
```

Answers on page 159.

POETS

IN "AN ESSAY ON MAN", HE WROTE, "HOPE SPRINGS ETERNAL IN THE HUMAN BREAST"

WHO IS _____?

IN "HARLEM", HE PENNED, "WHAT HAPPENS TO A DREAM DEFERRED? DOES IT DRY UP LIKE A RAISIN IN THE SUN?"

WHO IS _____?

THIS POET OF "THE RAVEN" ALSO WROTE DETECTIVE STORIES & SCIENCE FICTION

WHO IS _____?

HE PUBLISHED THE FIRST EDITION OF "LEAVES OF GRASS" AT HIS OWN EXPENSE

WHO IS _____?

THE NAME OF THIS "DRUNKEN BOAT" FRENCH POET, SOUNDS LIKE A STALLONE ROLE

WHO IS _____?

ALLEN GINSBERG
DYLAN THOMAS
JOHN DONNE

JOHN MILTON
JOY HARJO
KENNETH REXROTH

LORD BYRON
MAYA ANGELOU
RITA DOVE

ROBERT FROST　　　　　**SHARON OLDS**　　　　　**T.S. ELIOT**
ROBERT LOWELL　　　　**SYLVIA PLATH**　　　　**THEODORE ROETHKE**

```
H E S Y L V I A P L A T H P S X H U C G
A E I Z A R T H U R R I M B A U D O E O
H A O B H C V R W S A L S C U Z P L R D
S E P Q E W Q L I A V W Q Z P N H E L A
Y D V L K Z L S O T L B T B N J L G T V
J G L E H S E L A R A T J F W P G N O R
P A M P T A E N E M D D W Q R G D A I O
W R U O E A L H N W O B O H M V Y A L B
Y A S P O T P L G O O H Y V I M T Y E E
J L H R R J F N E U D L T R E T R A S R
H L A E E B J Y U N H N T N O J M M T T
A A R D R W N R T J G N H R A N C A Z F
G N O N O L I G A M A I O O E L W S N R
D P N A D H J J Y B D Y N T J B Y F N O
K O O X O R O W J D B R N S S E O D C S
C E L E E M O C L N V Y K U B G I R D T
L G D L H I C T Q J R P X M A E N A A I
G W S A T J O H N M I L T O N O R A M Z
H T O R X E R H T E N N E K F T S G L F
B K U I H Z B Y U W O J R A H Y O J V M
```

Answers on page 159.

LITERATURE

THIS 1938 NOVEL OPENED WITH THE LINE "LAST NIGHT I DREAMT I WENT TO MANDERLEY AGAIN"

WHAT IS _____?

SANDRA BROWN TITLED A BESTSELLER THIS, ALSO THE FIRST 2 WORDS OF "THE SOUNDS OF SILENCE"

WHAT IS _____?

DOYLE PARTLY BASED THIS DETECTIVE ON EDINBURGH SURGEON DR. JOSEPH BELL

WHO IS _____?

AS A YOUTH, THIS "WAR OF THE WORLDS" AUTHOR STUDIED BIOLOGY UNDER SCIENTIST THOMAS H. HUXLEY

WHO IS _____?

HIS MANE IS SHAVED OFF IN "THE LION, THE WITCH AND THE WARDROBE"

WHO IS _____?

EDITOR'S NOTE
EPIGRAPH
EPILOGUE

FLASHBACK
FORESHADOW
FRAME STORY

GLOSSARY
IN MEDIA RES
INDEX

INTRODUCTION
NON-LINEAR

PROLOGUE
SETTING

THEMES

```
O R N Z J D G N I T T E S L T H E W V T
G S T B V G J P G E G L O S S A R Y S V
B K Z Z N O I T C U D O R T N I E E I O
V V E W N Y R O T S E M A R F D M Y U Y
P N Y R D S L N A L S A P G I E K Y E J
T S I X Z S K G P R K K I T H A K J T B
C Y K K T E N W K E Y M O T V K W P L S
G W C X O N Y U A Y S R K O H E D F E W
L I A E I K T D O A S N U A X E O M I O
I F B D K R T T I N S A Q Q U I L F S E
N N H N K A W W O Q X G R G C O I O T P
M F S I O D W T T Y I A O F H K H R K I
E M A G K O E B K B E L P K J G P E B G
D H L A I L N Z C N I P C H W R G S P R
I V F C D L T S I P M O D E O O V H N A
A P T C P E Y L E J L W L L D A Z A Q P
R F F E R H N M H R Q L O X F R R D B H
E L J B E O S L E C S G T A B R K O U S
S I A E N U Y H T X U N S J T Y W Z Q
F G R R Z N S B A E I Z E B B S B D B X
```

Answers on page 159.

AUTHORS

SHE INTRODUCED HERCULE POIROT IN HER FIRST NOVEL, "THE MYSTERIOUS AFFAIR AT STYLES"

WHO IS _____?

HE WROTE "OUR MAN IN HAVANA" & "THE THIRD MAN" AS WELL AS THE SCREENPLAYS FOR THEM

WHO IS _____?

WHEN HE WAS 51 RAYMOND CHANDLER PUBLISHED THIS DEBUT NOVEL, LATER A BOGART FILM

WHAT IS _____?

AFTER HER UNCLE SALVADOR WAS OVERTHROWN & DIED IN A MILITARY COUP, SHE & HER FAMILY FLED CHILE

WHO IS _____?

"THE DIARY OF A SUPERFLUOUS MAN" IS A POIGNANT NOVELLA BY THIS RUSSIAN AUTHOR OF "FATHERS AND SONS"

WHO IS _____?

AMY TAN
C. S. LEWIS
DAVID MITCHELL

HARUKI MURAKAMI
J. K. ROWLING
JAME RANDI

JANE AUSTEN
JOHN STEINBECK
MARK TWAIN

NEIL GAIMAN **RICHARD HOLMES** **WILLIAM FAULKNER**
NORA ROBERTS **ROBERTO BOLAÑO**

```
S H Y I M K Q C F T H E B I G S L E E P
I R K O E I T S I R H C A H T A G A L T
E N E G I D X S U Z J O W S M T J R I U
L D I N N A H T K G N I L W O R K J Z
M U N V K P D V U R D F U H F X C V T J
U U Y E A L N F I X E C I X E K M P A O
H J Q D L N U C H D B B Y L B H G D V H
J H A V F L T A M D M H O L J Q K M T N
M A E N Z W A U F N X I E R W D T O N S
I H N A E S H L R M I R T J A Z V J E T
D W E M L A Y S E G A A K C R R J H I E
N S E Y P B U N J B E I W D H S O K L I
A S R T K F Q S K R A N L T N E N N G N
R M G A X W J G T U A S E L K U L X A B
S U M N P F Q I P E G N I V I R H L I E
E E A P L S R U B P N W I S A W A B M C
M G H H A R U K I M U R A K A M I M A K
A H A J L J T Y J X C S L E W I S F N Q
J M R I W K R I C H A R D H O L M E S M
F S G F S Q F O N A L O B O T R E B O R
```

Answers on page 160.

FAMOUS PEOPLE

AT THE ST. LOUIS EXPOSITION OF 1904, THIS APACHE LEADER SIGNED & SOLD AUTOGRAPHS	WHO IS _____?
THIS ABSURDIST THINKER & AUTHOR OF "THE STRANGER" WON THE NOBEL PRIZE IN 1957	WHO IS _____?
THIS BOBBY FOUNDED THE BLACK PANTHER PARTY WITH HUEY NEWTON IN 1966	WHO IS _____?
THIS "REDBONE" SINGER STARTED WRITING FOR "30 ROCK" WHILE STILL ATTENDING NYU	WHO IS _____?
THIS AMERICAN HERO WHO PASSED AWAY IN 2012 HELPED DESIGN THE ROBOT ARM FOR THE SPACE SHUTTLE	WHO IS _____?

ANDY WARHOL	BRAD PITT	JENNIFER LOPEZ
BETTY WHITE	FAITH HILL	KENDRICK LAMAR
BEYONCE	HALLE BARRY	MARCEL DUCHAMP

NICO
OPRAH WINFREY

RAMMELLZEE
WILL SMITH

YOKO ONO

```
M Y C R W K Y K S B X L G U B N A X J R
U J C B S Z Y E S X L K O P W T G W S L
Z H K B N T Q Y R A N M C A Y T B H V C
E E L E N L T G K F L W M Z O H N T J S
P A Y Y K F B T E C N L W I O C I I H F
O N I O Y E P M I R F I Y N W P V M A T
L D M N E R N U P O I W R M K A S L W
R Y A C B E Y D N B D N S H I H T L L I
E W R E E U Z F R E O A I H A D R L E E
F A C T L I U L C I F B R M A R E I B T
I R E R T M I K L A C R B B O J P W A I
N H L N V W J A X E E K I Y S R R O R H
N O D A I I O R S T M N L S S E K M R W
E L U O E C W J E R T M Z A Y E O Y Y Y
J F C H C A O O W F L P A G M Q A J G T
K K H E M P X U F V H T N R R A K L S T
G M A R E V O L G D L A N O D M R E E E
F Q M E B R T V A L B E R T C A M U S B
J L P U I K C G L L I H H T I A F Y W Y
B Q V C Q O N O O K O Y I V H Z R Q V R
```

Answers on page 160.

U.S. HISTORY

IN MARCH 1836 HE WAS NAMED COMMANDER OF THE TEXAS ARMY; BY OCTOBER HE WAS PRESIDENT OF THE REPUBLIC

WHO WAS _____?

THE BASE CAMP RICHARD BYRD DUBBED LITTLE AMERICA IN 1929 IS ON THIS CONTINENT

WHAT IS _____?

HATCHET HALL IN EUREKA SPRINGS, ARKANSAS IS THIS FAMOUS TEETOTALER'S HISTORIC RESIDENCE

WHO IS _____?

IN 1913 THE 16th AMENDMENT WAS PASSED ALLOWING CONGRESS TO COLLECT TAXES ON THIS

WHAT IS _____?

THIS MAN HAD A FATEFUL NIGHT ON JULY 22, 1934 AT CHICAGO'S BIOGRAPH THEATER

WHO WAS _____?

BRITAIN
CHICAGO PORTAGE
CIVIL RIGHTS

COLORADO RIVER
ELECTRICITY
EXPANSIONISM

FRANCE
IRAN-CONTRA
LONG ISLAND

MALCOLM X
POTOMAC RIVER

SILICON VALLEY
SPAIN

UNIONISM

```
F R T E E W E E N N C K X O O F Z U J N
J O H N D I L L I N G E R V B S Y I O B
I R Z J B R I T A I N Q R J V F G T E Q
M S I N O I S N A P X E Q R Y E S M N U
H Y M P A F S B W D Q F I X M U O C I I
X N H M R B I C N S W W R T O C M B C F
Z I O Z T C L I V R Y Q R H N M V H D R
E A J U N V I V O E D M M I I T I Y E O
H P J N O H C I T W B A O U Q C C V L R
M S C R C O O L D J S U J O A A I O U E
A N W U N B N R X I K T I G R R N M I V
N F C T A Q V I I M M Y O R O G A M J I
T R T S R A A G C T R P Y D I L S S X R
A A J R I T L H X N O N A S C C A I W C
R N Z I Z X L T W R A R L O B J I N O A
C C Z J P Y E S T T O A L P K D V O B M
T E H G J C Y A I L N M V K M Z D I B O
I G K J K H G O O D X S M M E T T N C T
C P J I H E N C Q U P U H G D P Y U Q O
A E L E C T R I C I T Y V P I Z W O P P
```

Answers on page 160.

JEOPARDY!
CHALLENGE

ANSWER KEY

HEALTH MATTERS (PAGE 04)

ANSWER 1:
WHAT IS BOTULISM?

ANSWER 2:
WHAT IS THE LIVER?

ANSWER 3:
WHAT IS SCURVY?

ANSWER 4:
WHAT IS ANESTHESIA?

ANSWER 5:
WHAT IS RELAPSE?

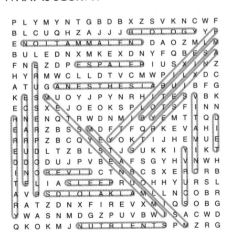

ANSWER KEY

THE MUSEUMS OF EUROPE (PAGE 06)

ANSWER 1:
WHAT IS THE LOUVRE?

ANSWER 2:
WHAT IS THE HERMITAGE?

ANSWER 3:
WHAT IS REYKJAVIK?

ANSWER 4:
WHO IS LUDWIG VAN BEETHOVEN?

ANSWER 5:
WHAT IS THE VATICAN?

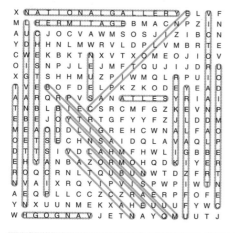

VOCABULARY (PAGE 10)

ANSWER 1:
WHAT IS INDIVISIBLE?

ANSWER 2:
WHAT IS INCOGNITO?

ANSWER 3:
WHAT IS REDEMPTION?

ANSWER 4:
WHAT IS CIRCUMNAVIGATE?

ANSWER 5:
WHAT IS NUMISMATICS?

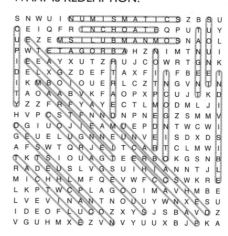

FICTIONAL CHARACTERS (PAGE 08)

ANSWER 1:
WHAT IS "THE OUTSIDERS"?

ANSWER 2:
WHO IS JANE EYRE?

ANSWER 3:
WHO IS FAGIN?

ANSWER 4:
WHAT IS RABBIT?

ANSWER 5:
WHO IS SANTIAGO?

ANSWER KEY

MIDDLE EAST GEOGRAPHY (PAGE 12)

ANSWER 1:
WHAT IS THE EUPHRATES?

ANSWER 2:
WHAT IS THE SINAI PENINSULA?

ANSWER 3:
WHAT IS THE STRAIT OF HORMUZ?

ANSWER 4:
WHAT IS JERUSALEM?

ANSWER 5:
WHAT IS RIYADH?

EMPIRES (PAGE 16)

ANSWER 1:
WHAT IS THE HOLY ROMAN?

ANSWER 2:
WHAT IS THE BRITISH EMPIRE?

ANSWER 3:
WHAT IS THE PERSIAN EMPIRE?

ANSWER 4:
WHAT IS THE BYZANTINE?

ANSWER 5:
WHAT IS THE SPANISH EMPIRE?

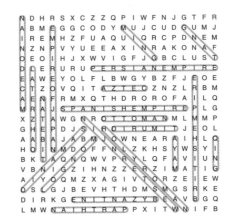

ROMANS (PAGE 14)

ANSWER 1:
WHAT IS THE FORUM?

ANSWER 2:
WHAT ARE CHARIOTS?

ANSWER 3:
WHAT IS BATH?

ANSWER 4:
WHO IS HANNIBAL?

ANSWER 5:
WHAT IS VULGAR?

ANSWER KEY

FROM THE LATIN (PAGE 18)

ANSWER 1:
WHAT IS A HOSPITAL?

ANSWER 2:
WHAT IS A CONVENT?

ANSWER 3:
WHAT IS A QUADRUPED?

ANSWER 4:
WHAT IS A PROCLAMATION?

ANSWER 5:
WHAT IS BIOMASS?

```
A P R W Y V Y T P F G C S H Q B D P J O
I M E G Y R H V V R E D A H O C S B W X
Q A B O A B I G P Z I J R S X M Z X E J
W P I M L L C X I N D M T D V I Q L B
E V I M L M V T U T R H I N V N D A O W
T R O A K E Z O L N Y O U T V D O U N M
P X G S G D X X S X J N C U I X S W G A
R E D E P U R D A U O O D I V V X D I N
S N G K F T N C Y P L I L Y V R E R T T
N O V E I L K O Y Z B Q T I K C A X K U I
L B J P O N A K D F S A G M I I L A D Q
A D X Y V R D U Y S I M I B U O L C E U
T Q H E M C T K A I K A E R U T C I P E
I M N Z P J H M J X M L C I R F T Z H J
P U S E T H O D J M Y C G M W Z E R Q E
S S T L Q J I S T T O J E J L R L H C
O Q A K B W W V Y U L R H X O G R X T I
H T A N C I E N T Q N P E P N W A I E V
C N T Q A Z N A N O B O S C Q R I R J O
T Q P A M E Y V R M J L B W X K N U W N
```

TECHNOLOGY OF THE PAST (PAGE 20)

ANSWER 1:
WHAT ARE CANDLES?

ANSWER 2:
WHAT IS A FORK?

ANSWER 3:
WHAT IS A STIRRUP?

ANSWER 4:
WHAT IS AN AQUEDUCT?

ANSWER 5:
WHAT IS GLASS?

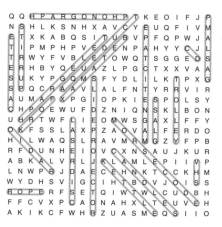

WOMEN IN HISTORY (PAGE 22)

ANSWER 1:
WHO IS ISABELLA ?

ANSWER 2:
WHO IS ABIGAIL ADAMS?

ANSWER 3:
WHO IS ELIZABETH I?

ANSWER 4:
WHO IS HARRIET TUBMAN?

ANSWER 5:
WHO IS RACHEL CARSON?

```
Y T C N A M J O A N O F A R O J N C V A
X Y R O I T S M A D D A E N A J O F D Y
I I R T D R H Q L T B C A M L X T A W P
P N A R G A R Z B U C M W R H A N N W D
G L M A Q H A E Y M A K U N F M A N O P
U J A B U R R F M O T O Z O P A T E X R
E J L A E A R Y C T H F Y I O E S F A E
C D Y R E E I Y Z H E U N D X W Y R N N
K S D A N A E N R E R K B R R A D A N I
I M E L A I T O P R I F T A E G A N I S
H A H C N L T H P T N M E C L A C K E A
T D D L N E U T X E E A G H L C H B O B
E A E U E M B N X R T R D E E A T F A E
B L P L C A M A A E H I F L K S E B L L
A I Z B U Y C F N N X A G C W A E E A I E A
Z A Y L C F N N X A G C W A E E A I E A
I G K Z Y T O A L Y R U S R L G Z X Y Q
L I C P D H I S C X E R A S E Z I G X J
E B K V I N X U I G A I W O H X L T W W
J A O K D S B S Y I T E C N E Z E G S V
```

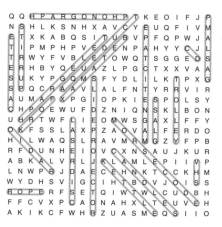

ANSWER KEY

THE BODY HUMAN (PAGE 24)

ANSWER 1:
WHAT IS THE WRIST?

ANSWER 2:
WHAT IS THE TRACHEA?

ANSWER 3:
WHAT IS THE TYMPANIC?

ANSWER 4:
WHAT ARE THE JUGULAR VEINS?

ANSWER 5:
WHAT IS INSULIN?

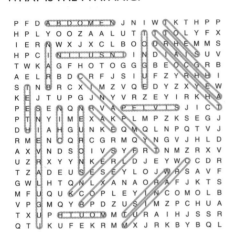

THE NONFICTION AISLE (PAGE 28)

ANSWER 1:
WHO IS DR. ATKINS?

ANSWER 2:
WHAT IS "HEAVEN"?

ANSWER 3:
WHAT IS "LEAN IN"?

ANSWER 4:
WHAT IS "THE PERFECT STORM"?

ANSWER 5:
WHAT IS "SEABISCUIT"?

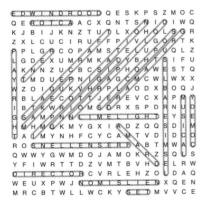

THEATER (PAGE 26)

ANSWER 1:
WHAT IS "LES MISERABLES"?

ANSWER 2:
WHO IS DOLLY PARTON?

ANSWER 3:
WHO IS NEIL SIMON?

ANSWER 4:
WHAT IS "RENT"?

ANSWER 5:
WHO IS EDWIN DROOD?

ANSWER KEY

PURE FICTION (PAGE 30)

ANSWER 1:
WHAT IS "HEART OF DARKNESS"?

ANSWER 2:
WHAT IS "BRAVE NEW WORLD"?

ANSWER 3:
WHAT IS A MOUSE?

ANSWER 4:
WHAT IS "LIFE OF PI"?

ANSWER 5:
WHAT IS "THE LOVELY BONES"?

```
Y S W S P X Q K L Q H X T I A X G Y Y A
F S W S Y O X F F G H Z R Z Y J I N N O
U E I E O F B D T I N K E R S K V M K T
U N Q S E N O B Y L E V O L E H T A H
G K Y R O T S R E V O E H T F M F Q J E
H R Z Q N W U T M V T H E H O U R S X R
F A C D I R O W W E N E V A R B W Z Q O
O D F P L R D A E L I G S M K U Z M Y A
T F A A P T F E D D H D N I T M H U E D
I O E L B I B D O O W N O S I O P E H
P T S S K D P I W X S L U O S L L A S H
F R A W A D W H N N G O T R O J I T G Y
O A L C T O I D I E H T F F B Q R R Y O
E E T Y A V N P E L I S D U W N B H M A
F H A G N K T H E G O L D F I N C H I E
I U D F S K I N N Y L E G S A N D A L L
U R U E M P I R E F A L L S B Z I R M C
K K O I M A G I N E M E G O N E I T H N
W Q L G Z T L U E Z C I N O A V O W D Y
A H C S Q V M O U S E E Q R Y Z S X V I
```

PULITZER PRIZE WINNERS (PAGE 32)

ANSWER 1:
WHO IS CARL SANDBURG?

ANSWER 2:
WHO IS EUGENE O'NEILL?

ANSWER 3:
WHO IS THORNTON WILDER?

ANSWER 4:
WHO IS EDWARD ALBEE?

ANSWER 5:
WHO IS SAUL BELLOW?

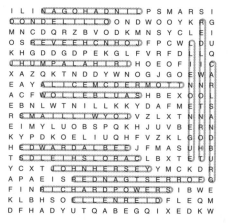

```
I L I N A G O H A D N I D P S M A R S I
O O N D E L L I L O O N D W O O Y K R G
M N C D Q R Z B V O D K M N S Y C L E I
O S R E V E E H C N H O J F P C W A D U
K H G D D G D P E K G L F V R F D L L Q
J H U M P A L A H I R D H O E O F I I C
X A Z Q K T N D D Y W N O G J G O E W A
E A Y A L I C E M C D E R M O T T N N R
A C F W O L L E B L U A S H B E X O O L
E B N L W T N I L L K K Y D A F M E T S
R S M A I L L I W Y O J V Z L X T N N A
E I M Y L U O B S P Q K H J U V B E R U
K Y P D K O E L I U Q H F V Z K L G O D
H E D W A R D A L B E E J F M A S U H B
T S D L E I H S L O R A C L B X T E U U
Y C X T J O H N H E R S E Y Y M C K D R
A P A E I S R E D N A G I S E R R O G G
F I N R I C H A R D P O W E R S I B W E
K L B H S O E L L E N R E I D F L E Q M
D F H A D Y U T Q A B E G Q I X E D K W
```

WEIGHTS & MEASURES (PAGE 34)

ANSWER 1:
WHAT IS AN INCH?

ANSWER 2:
WHAT IS THE LITER?

ANSWER 3:
WHAT ARE GIGABYTES?

ANSWER 4:
WHAT ARE FINGERS?

ANSWER 5:
WHAT IS THE MAGNA CARTA?

```
A R Q N X N J I W G X D R B K K T D L L
N W A T R A C A N G A M D F S P N J W P
X O B F D R N Z I I R Z G E S C S C U S
A C T N K E D U Y A R D K G H L A J R G
I U U T N T Y Y W W C T F E B H G E R S
S O O Z O I T U R N X N B C M I T Q E R
P O Y G G U Q K P T K P N W G E N E L E
E R U K I L O G R A M S T A M E B B Y T
N G U E D A S D P B N F B I V R B R U E
T O A E C N U O I N L Y L D B C R Y S M
X L O L R I W W N N T L W C Q A I X I I
I L J P I K V N T E I U E S F Y G Q P T
T H S F S O L K S M S A O P L M D X I N
A O B N J E N O F O L T O F H F Y O K E
Q Z T T A L I F H Z K P H I A B G H Q C
B E Q Y R Z K B A Q Q G H N V S G R D M
X E V C Y A Y Y A Y N C V G L H C Z A N
C G E K P R U A Z T P R D E W D E I W M
C Z R C N P A Q Y U Z H I R J Y Z V K S
W C J F J I J D K R J E E S W S W O W C
```

ANSWER KEY

FRENCH COOKING (PAGE 36)

ANSWER 1:
WHAT IS A CREPE?

ANSWER 2:
WHAT IS A PARFAIT?

ANSWER 3:
WHAT IS FOIE GRAS?

ANSWER 4:
WHAT IS BOUILLABAISSE?

ANSWER 5:
WHAT IS COQ AU VIN?

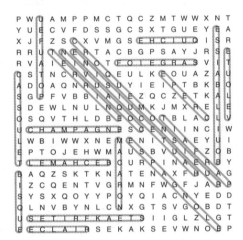

COLLEGES & UNIVERSITIES (PAGE 40)

ANSWER 1:
WHAT IS COLUMBIA?

ANSWER 2:
WHAT IS SAN DIEGO?

ANSWER 3:
WHAT IS NORTHWESTERN?

ANSWER 4:
WHAT IS AMHERST COLLEGE?

ANSWER 5:
WHAT IS SPELMAN?

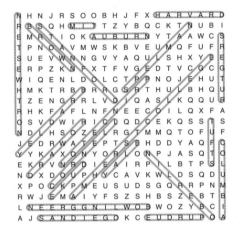

SCI-FI MOVIES (PAGE 38)

ANSWER 1:
WHAT IS PANDORA?

ANSWER 2:
WHO IS KYLO REN?

ANSWER 3:
WHAT IS "FURY ROAD"?

ANSWER 4:
WHAT IS "ARRIVAL"?

ANSWER 5:
WHAT IS "GRAVITY"?

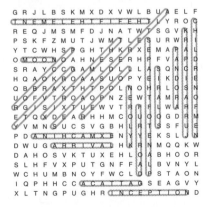

ANSWER KEY

INVENTORS & INVENTIONS (PAGE 42)

ANSWER 1:
WHAT IS SPRAY CAN?

ANSWER 2:
WHO IS ELI WHITNEY?

ANSWER 3:
WHO IS THOMAS EDISON?

ANSWER 4:
WHAT IS THE CALLIOPE?

ANSWER 5:
WHAT IS MACADAM?

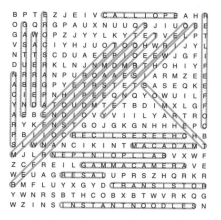

FEMALE WORLD LEADERS (PAGE 46)

ANSWER 1:
WHAT IS ICELAND?

ANSWER 2:
WHAT IS MYANMAR?

ANSWER 3:
WHAT IS LIBERIA?

ANSWER 4:
WHAT IS BRAZIL?

ANSWER 5:
WHO IS CORAZON AQUINO?

TRANSPORTATION (PAGE 44)

ANSWER 1:
WHAT ARE TRUCKS?

ANSWER 2:
WHAT IS A CHAIR LIFT?

ANSWER 3:
WHAT IS NEW YORK CITY?

ANSWER 4:
WHAT IS A CARRIAGE?

ANSWER 5:
WHAT IS MOTHER SHIP?

ANSWER KEY

NORSE MYTHOLOGY (PAGE 48)

ANSWER 1:
WHO IS EVE?

ANSWER 2:
WHAT IS FRIDAY?

ANSWER 3:
WHO IS ODIN?

ANSWER 4:
WHAT IS MJOLNIR?

ANSWER 5:
WHAT IS VALHALLA?

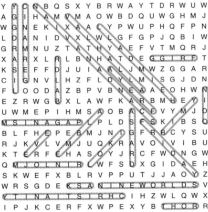

MUSIC OF THE '70S (PAGE 50)

ANSWER 1:
WHAT IS CHICAGO?

ANSWER 2:
WHO IS STEVIE WONDER?

ANSWER 3:
WHAT IS PINA COLADA?

ANSWER 4:
WHO IS EDDIE MONEY?

ANSWER 5:
WHAT IS "SHAFT"?

FILMS OF THE '80S (PAGE 52)

ANSWER 1:
WHAT IS "LA BAMBA"?

ANSWER 2:
WHAT IS "THE UNTOUCHABLES"?

ANSWER 3:
WHAT IS "RAISING ARIZONA"?

ANSWER 4:
WHO IS JACK NICHOLSON?

ANSWER 5:
WHAT IS "WITNESS"?

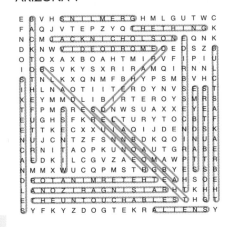

ANSWER KEY

CLASSIC TELEVISION (PAGE 54)

ANSWER 1:
WHAT IS "DRAGNET"?

ANSWER 2:
WHO IS ALFRED HITCHCOCK?

ANSWER 3:
WHAT IS "GUNSMOKE"?

ANSWER 4:
WHAT IS "PERRY MASON"?

ANSWER 5:
WHAT IS "DARK SHADOWS"?

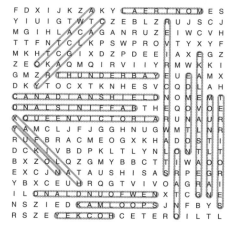

DOWN MEXICO WAY (PAGE 58)

ANSWER 1:
WHAT IS THE WORLD CUP?

ANSWER 2:
WHAT IS ACAPULCO?

ANSWER 3:
WHAT IS GUADALAJARA?

ANSWER 4:
WHAT IS "IGUANA"?

ANSWER 5:
WHAT IS CANCUN?

IT'S A CANADA THING (PAGE 56)

ANSWER 1:
WHAT IS OTTAWA?

ANSWER 2:
WHO IS QUEEN VICTORIA?

ANSWER 3:
WHAT IS MONTREAL?

ANSWER 4:
WHAT ARE TERRITORIES?

ANSWER 5:
WHAT IS NEWFOUNDLAND?

ANSWER KEY

COASTAL U.S. STATES (PAGE 60)

ANSWER 1:
WHAT IS MISSISSIPPI?

ANSWER 2:
WHAT IS WASHINGTON?

ANSWER 3:
WHAT IS TEXAS?

ANSWER 4:
WHAT IS ALASKA?

ANSWER 5:
WHAT IS NORTH CAROLINA?

ANIMAL PLANET (PAGE 64)

ANSWER 1:
WHAT ARE HORSES?

ANSWER 2:
WHAT IS FRUIT?

ANSWER 3:
WHAT IS A SALAMANDER?

ANSWER 4:
WHO IS ATLAS?

ANSWER 5:
WHAT IS SPECTACLED?

U.S. CITIES (PAGE 62)

ANSWER 1:
WHAT IS ATLANTIC CITY?

ANSWER 2:
WHAT IS AUGUSTA?

ANSWER 3:
WHAT IS DOVER?

ANSWER 4:
WHAT IS MOBILE?

ANSWER 5:
WHAT IS LAS CRUCES?

ANSWER KEY

WORD ORIGINS (PAGE 66)

ANSWER 1:
WHAT IS PARKA?

ANSWER 2:
WHAT IS VANDAL?

ANSWER 3:
WHAT IS A CAFETERIA?

ANSWER 4:
WHAT IS A HANSOM?

ANSWER 5:
WHAT IS MIRAGE?

FAMOUS AFRICAN AMERICANS (PAGE 70)

ANSWER 1:
WHO IS QUEEN LATIFAH?

ANSWER 2:
WHO IS BARBARA JORDAN?

ANSWER 3:
WHO IS MATTHEW HENSON?

ANSWER 4:
WHO IS RALPH ELLISON?

ANSWER 5:
WHAT IS POETRY?

AVIATION (PAGE 68)

ANSWER 1:
WHAT IS FORTRESS?

ANSWER 2:
WHAT IS A HELICOPTER?

ANSWER 3:
WHAT IS LUFTHANSA?

ANSWER 4:
WHAT IS A FUSELAGE?

ANSWER 5:
WHAT IS THE HINDENBURG?

ANSWER KEY

ISLANDS (PAGE 72)

ANSWER 1:
WHAT IS MAUI?

ANSWER 2:
WHAT IS NEW GUINEA?

ANSWER 3:
WHAT IS PRINCE
EDWARD?

ANSWER 4:
WHAT IS MAJORCA?

ANSWER 5:
WHAT IS BORNEO?

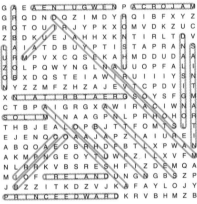

A WORLD OF ART (PAGE 74)

ANSWER 1:
WHAT IS SYDNEY?

ANSWER 2:
WHAT IS BUCKINGHAM?

ANSWER 3:
WHO IS NORMAN
ROCKWELL?

ANSWER 4:
WHO ARE THE MEDICI?

ANSWER 5:
WHAT IS GRAFFITI?

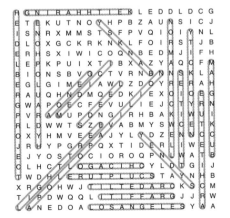

BUSINESS & INDUSTRY (PAGE 76)

ANSWER 1:
WHAT IS FACEBOOK?

ANSWER 2:
WHAT IS APPLE?

ANSWER 3:
WHAT IS NIKE?

ANSWER 4:
WHO IS GEORGE
PULLMAN?

ANSWER 5:
WHAT IS NORDSTROM?

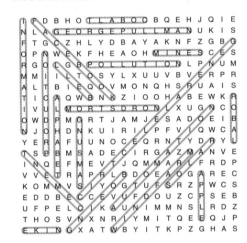

ANSWER KEY

POTPOURRI (PAGE 78)

ANSWER 1:
WHAT IS WESTERN?

ANSWER 2:
WHAT IS SEAL?

ANSWER 3:
WHAT IS "MIAMI VICE"?

ANSWER 4:
WHO IS SOJOURNER TRUTH?

ANSWER 5:
WHAT IS CYGNUS?

```
U E P J G O U E W W E F O M G U D D E S
N A W A I L E W Z P L Z X X M F P C Y
G P Q Z R Y D Q S D A J K O K T R M I L
U A H X S E D A D A P E T O N X N D V M
P I X R G O N I G R G Z Y W S F A Q I E
G L W O F N J N C W F O R A P P T S M A
E M B T W A D O I T E Z E L Y N E M A S
T B T E A G P E U D Z R R Z A D A I T T
A P I L C S D R K R Z O L U U P A R M E
R P Y C F I E J N I N Y N S W K B T K R
O L F A H P T A Y X S E X A I R P X N
B W U L Y M R I D A U P R I N F H I N
A E E I T R C I A R T F A T J Y R O X Q
L H F F L O D Y N R E K Y X R L E N V L
L L O O S T R O G T N R M Y U U E J O
Q U A R P C T R G N E R Q O P M T B N O
O Z K N U I O Y B V U B O X W V I H O W
V T N I S V X V P V P S D P E T I K O F
T T S A K B N R E T S E W C N M R M W I
L W K S S I L Z P T N M W I D M R A V Q
```

EAST OF THE MISSISSIPPI (PAGE 80)

ANSWER 1:
WHAT IS LAKE ONTARIO?

ANSWER 2:
WHAT IS MASSACHUSETTS?

ANSWER 3:
WHAT IS DETROIT?

ANSWER 4:
WHAT IS INDIANA?

ANSWER 5:
WHAT IS WESTCHESTER?

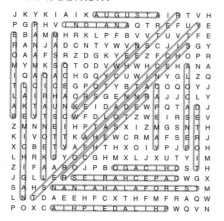

```
J K Y K I A I K A U G U S T A I R T V H
P G P H V I N D I A N A Q T R E F U Y E
E B A M M H R K L P F B V V T U V F E
R A N J A D C N T Y W V N S C J I S G Y
O A A F S R Z D G K Y E E Z F C H O P R
M Y M K S Q T O D V W H W H C E H A N A
I Q A Q A C H G Q Y C U W I N Y G L Z Q
T L C I C E G P O T Y B T A C O Q O Y J
L A I R H A O R S G E N N R A J J C L Y
A A T A U N K E I D A D E W P Q T A D J
B E Y T S C W F D L O T Z W E I R S E V
Z M N N E I H P T A S X I Z M G S N T H
K I V O T T K A H E W C R M A F S E R J
X C B E T V A F H T H X O I Y P J P O H
L H R K S Y O C G H M X L J X U T Y I M
Z I F A A R O J P B O G A C I H C O S T
J G L L E R S E L R A H C E P A O W G A
S A H S N A N T A H A L A F O R E S T M
L N D A E E H F C X T H F M F R A Q W
P O X C A I H P L E D A L I H P W Q V N
```

WEST OF THE MISSISSIPPI (PAGE 82)

ANSWER 1:
WHAT IS A NEWSPAPER?

ANSWER 2:
WHAT IS MARIN COUNTY?

ANSWER 3:
WHAT IS IDAHO?

ANSWER 4:
WHAT IS DESERET?

ANSWER 5:
WHAT IS NEVADA?

```
S R E U K Z K I L N E W S P A P E R D K
L S K B Z F Z I O F I E V J Q I Y E C K
W N D G R E A T S A L T L A K B U Q P A
B O N L V X V B N L O D M E Y S I Y K I
H T A B U W P L Q N Z J U L Z H D R
Z E L Y X O F S L T Q Q E N G E Z N J E
E T S N X G G R A N D C A N Y O N O O V
C D I H Y Q B I L S A N T A F B V N O I
Q N A R S I L A F O H A D T O T Z T R
N A N N Z B F X O Y G C E R E S E D Y A
R R I T E P V M A R I N C O U N T Y F I
V G L C O L O R A D O S P R I N G S A B
N C A F S L D I E I F S R E K A B H T M
R T T X P D T R O U T C R E E K C O N U
B W A T O N E K A I D A E H T A I P E L
Y V C H B U S I Y V G A M N I K J U Y O
I I A A N E V A D A T J F A Y M T W A C
E D B P A K A N R E O H A T E K A K P
I X B F C D R E V I R E K A N S V I L N
K C Z A V S E R O F O N I N O C O O Q
```

ANSWER KEY

AFRICAN GEOGRAPHY (PAGE 84)

ANSWER 1:
WHAT IS GOOD HOPE?

ANSWER 2:
WHAT IS LESOTHO?

ANSWER 3:
WHAT IS KHARTOUM?

ANSWER 4:
WHAT IS THE KALAHARI?

ANSWER 5:
WHAT IS CHAD?

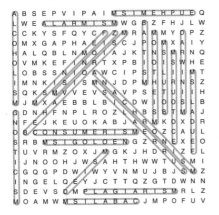

ENDS IN "ISM" (PAGE 86)

ANSWER 1:
WHAT IS ZIONISM?

ANSWER 2:
WHAT IS PLAGIARISM?

ANSWER 3:
WHAT IS BAPTISM?

ANSWER 4:
WHAT IS FEUDALISM?

ANSWER 5:
WHAT IS SURREALISM?

MOUNTAINS (PAGE 88)

ANSWER 1:
WHAT IS MOUNT
ARARAT?

ANSWER 2:
WHAT IS GREECE?

ANSWER 3:
WHAT ARE THE
CASCADES?

ANSWER 4:
WHAT IS MOUNT
WILSON?

ANSWER 5:
WHAT IS PIKES PEAK?

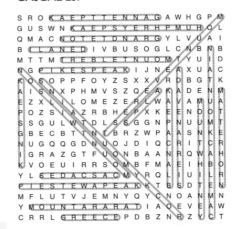

ANSWER KEY

BODIES OF WATER (PAGE 90)

ANSWER 1:
WHAT IS AUSTRALIA?

ANSWER 2:
WHAT IS THE INDIAN?

ANSWER 3:
WHAT IS THE AEGEAN?

ANSWER 4:
WHAT ARE VICTORIA FALLS?

ANSWER 5:
WHAT IS SILVER?

```
C I N D I A N U M I S J T K G L J N K B
M S L G K D V O K E Y C M I X J I A D M
Z L A K E S U P E R I O R F Q B J E M C
B U X P C B Q X J Y Y H Y O A G W G R M
J U N H O N O R U H E K A I D C I A E S
Q H V F R E V I R O D A R O L O O V K L
Q J G O I R A T N O E K A I S E D D I
R Q U M D A G D Q I J I Y S L R D A S A
E I L F C R J V C U E W Y W E A K A A F
V B F O A E S D A E D N I C K E P I E A
R T F R O O H S K I E E H I M L Q A K R
N B M G F W V D L I R A C V H X C R C O
O K E N X Z P E R W V H S N P V H T A T
Z N X A P H R E A A I R E X E J T S L C
A F I L U I E L S G U I J O M T D U B I
M D C A V K T U A L A K E M E A D A E I
A M O E A S F N B H S G T F D A Q J Z C
X W B R E V I S P U L U X R J C X Y
```

HISTORIC QUOTES (PAGE 92)

ANSWER 1:
WHO IS MacARTHUR?

ANSWER 2:
WHO IS JESSE JACKSON?

ANSWER 3:
WHO IS NAPOLEON?

ANSWER 4:
WHO IS WILL ROGERS?

ANSWER 5:
WHO IS JIMMY HOFFA?

WORLD CAPITALS (PAGE 94)

ANSWER 1:
WHAT IS TO ROME?

ANSWER 2:
WHAT IS COPENHAGEN?

ANSWER 3:
WHAT IS KINGSTON?

ANSWER 4:
WHAT IS HAVANA?

ANSWER 5:
WHAT IS BERN?

153

ANSWER KEY

STATE CAPITALS (PAGE 96)

ANSWER 1:
WHAT IS TRENTON?

ANSWER 2:
WHAT IS PROVIDENCE?

ANSWER 3:
WHAT IS SANTA FE?

ANSWER 4:
WHAT IS FRANKFORT?

ANSWER 5:
WHAT IS MONTPELIER?

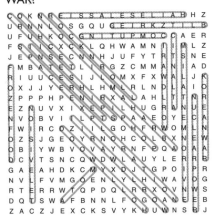

THE 13 COLONIES (PAGE 100)

ANSWER 1:
WHAT IS JAMESTOWN?

ANSWER 2:
WHAT IS PENNSYLVANIA?

ANSWER 3:
WHAT IS GEORGIA?

ANSWER 4:
WHAT IS NEW HAMPSHIRE?

ANSWER 5:
WHAT IS CALVERT?

THE 20TH CENTURY (PAGE 98)

ANSWER 1:
WHAT IS BLITZKRIEG?

ANSWER 2:
WHAT IS THE ATLANTIC?

ANSWER 3:
WHAT IS THE KOREAN WAR?

ANSWER 4:
WHO IS ABRAHAM LINCOLN?

ANSWER 5:
WHO IS HAILE SELASSIE?

ANSWER KEY

EXPLORERS (PAGE 102)

ANSWER 1:
WHAT IS BAGHDAD?

ANSWER 2:
WHAT IS MOUNT EVEREST?

ANSWER 3:
WHO IS COLUMBUS?

ANSWER 4:
WHO IS PONCE DE LEON?

ANSWER 5:
WHAT IS MOROCCO?

SCIENTIFIC DISCOVERIES (PAGE 104)

ANSWER 1:
WHO IS ISAAC NEWTON?

ANSWER 2:
WHO IS CHARLES DARWIN?

ANSWER 3:
WHAT IS RADAR?

ANSWER 4:
WHAT IS LOUIS PASTEUR?

ANSWER 5:
WHAT IS SILLY PUTTY?

POP MUSIC (PAGE 106)

ANSWER 1:
WHO IS LORDE?

ANSWER 2:
WHO IS SELENA GOMEZ?

ANSWER 3:
WHAT IS ONE DIRECTION?

ANSWER 4:
WHAT IS BASTILLE?

ANSWER 5:
WHAT IS "METROPOLIS"?

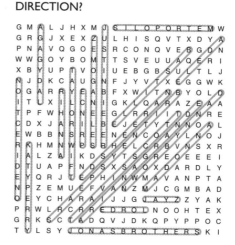

ANSWER KEY

ASTRONOMY (PAGE 108)

ANSWER 1:
WHAT IS MERCURY?

ANSWER 2:
WHAT ARE DWARF STARS?

ANSWER 3:
WHAT IS A SUPERNOVA?

ANSWER 4:
WHAT IS SATURN?

ANSWER 5:
WHAT IS URANUS?

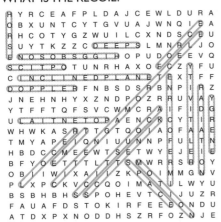

CHEMISTRY (PAGE 112)

ANSWER 1:
WHAT ARE THE NOBLE GASES?

ANSWER 2:
WHAT ARE ELECTRONS?

ANSWER 3:
WHAT ARE ACIDS?

ANSWER 4:
WHAT IS TWO?

ANSWER 5:
WHO IS ROBERT BUNSEN?

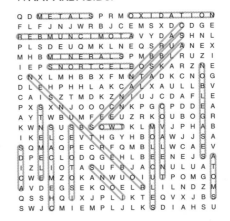

PHYSICS (PAGE 110)

ANSWER 1:
WHAT IS A HORSE?

ANSWER 2:
WHAT IS AN INCLINED PLANE?

ANSWER 3:
WHAT IS THE RECOIL?

ANSWER 4:
WHAT IS THE DOPPLER?

ANSWER 5:
WHO IS ENRICO FERMI?

ANSWER KEY

BIOLOGY (PAGE 114)

ANSWER 1:
WHAT IS RED?

ANSWER 2:
WHAT ARE NEURONS?

ANSWER 3:
WHAT IS MESSENGER?

ANSWER 4:
WHAT IS MITOSIS?

ANSWER 5:
WHAT ARE TEETH?

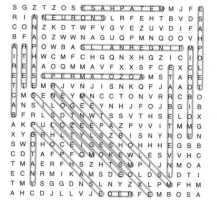

NATURE (PAGE 118)

ANSWER 1:
WHAT IS FLORIDA?

ANSWER 2:
WHAT IS THE MOSQUITO?

ANSWER 3:
WHAT ARE THE EYES?

ANSWER 4:
WHAT IS THE SHARK?

ANSWER 5:
WHAT ARE ROSES?

SHAKESPEARE (PAGE 116)

ANSWER 1:
WHAT IS THE GLOBE?

ANSWER 2:
WHAT ARE HISTORIES?

ANSWER 3:
WHAT IS THE FIRST FOLIO?

ANSWER 4:
WHO IS SHYLOCK?

ANSWER 5:
WHAT IS MONTAGUE?

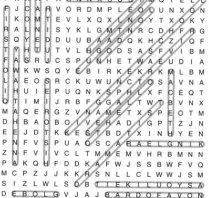

SCIENCE (PAGE 120)

ANSWER 1:
WHAT IS KIDNEY?

ANSWER 2:
WHAT IS HEAT?

ANSWER 3:
WHAT IS WIND?

ANSWER 4:
WHAT ARE FAULT LINES?

ANSWER 5:
WHAT IS THE HALF LIFE?

U.S. PRESIDENTS (PAGE 124)

ANSWER 1:
WHAT IS A FIRESIDE CHAT?

ANSWER 2:
WHO IS WOODROW WILSON?

ANSWER 3:
WHO IS JOHN TYLER?

ANSWER 4:
WHO IS HERBERT HOOVER?

ANSWER 5:
WHO IS JOHN ADAMS?

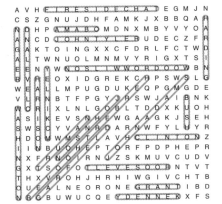

GEOGRAPHY (PAGE 122)

ANSWER 1:
WHAT IS ALGIERS?

ANSWER 2:
WHAT IS URUGUAY?

ANSWER 3:
WHAT IS YEMEN?

ANSWER 4:
WHAT IS ALBERTA?

ANSWER 5:
WHAT IS CAIRO?

ANSWER KEY

PAINTERS (PAGE 126)

ANSWER 1:
WHO IS DIEGO RIVERA?

ANSWER 2:
WHO IS MARY CASSATT?

ANSWER 3:
WHO IS PAUL GAUGUIN?

ANSWER 4:
WHO IS JAMES WHISTLER?

ANSWER 5:
WHAT IS VAN EYCK?

```
D U L A D Q I M I C H E L A N G E L O B
X W V D C O H U I Q M T U L C R A J E Y
Y S Y E T O I G G A V A R A O R Y R K K
M E Z B T I L B J T V F E C E R T C I R
D N C D A C V U X M Q S V C H H L J R
F N L U S N R J M P Q N I Y E J C T G I
K A A O S I F L D A O R E M X A I R H D
S Z U S A V K V S N O N O E K M W A G A
A E D S C A T M O G A R L B M E W C P K
G C E A Y D B P E V N T O V S E E A H
E L M C R O J C S R C Y G R W L Y U H
D U O I A D K O G U Y V A T H G E L U
R A N P M R X T A E G P P I O I R M G O
A P E O T A D P H E A H T W S S E I A T
G P T L L N I G N X A I B F W T C N U H
D Y P B R O I I K E A E O W C L O U G D
E X M A U E H X L N D J M R F E E Z U X
P R O B Z U V D J U E B A D U B W I I Y
O E F F E E K O A I G R O E G T P F N E
E P S A M U D E N E L R A M U U Y V B U
```

POETS (PAGE 128)

ANSWER 1:
WHO IS ALEXANDER POPE?

ANSWER 2:
WHO IS LANGSTON HUGHES?

ANSWER 3:
WHO IS EDGAR ALLAN POE?

ANSWER 4:
WHO IS WALT WHITMAN?

ANSWER 5:
WHO IS ARTHUR RIMBAUD?

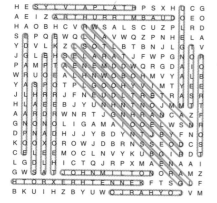

LITERATURE (PAGE 130)

ANSWER 1:
WHAT IS "REBECCA"?

ANSWER 2:
WHAT IS "HELLO DARKNESS"?

ANSWER 3:
WHO IS SHERLOCK HOLMES?

ANSWER 4:
WHO IS H.G. WELLS?

ANSWER 5:
WHO IS ASLAN?

```
O R N Z J D G N I T T E S L T H E W V T
G S T B V G J P G E G L O S S A R Y S V
B K Z Z N O I T C U D O R T N I B E I O
V V E W N Y R O T S E M A R F D M Y U Y
P N Y R D S L N A L S A P G E K Y E J
T S I X Z S K G P R K K I T H A K J T B
C Y K K T E N W K E Y M O T V K W P L S
G W C X O N Y U A Y S R K O H E D F E W
L I A E I K T D O A S N U A X B O M I O
I F B D K R T T I N S A Q Q U I L P S E
N N H N K A W W O Q X G R G C O I O T P
M F S I O D W T T Y I A O F H K R R K I
E M A G K O E B K B E L P K J G P E B G
H L A I L N Z C N I P C H W R G S P R
I V F C D L T S P M O D E O O V H N A
A P T C P E Y L E J L W L L D A Z A Q P
R F F E R H N M H R Q L O X F R R D B H
E L J B E O S L E C S G T A B R K O U S
S I A E N U Y H T X U N S J T Y W Z Q
F G R B Z N S B A E I Z E B B S B D B X
```

159

ANSWER KEY

AUTHORS (PAGE 132)

ANSWER 1:
WHO IS AGATHA CHRISTIE?

ANSWER 2:
WHO IS GRAHAM GREENE?

ANSWER 3:
WHAT IS "THE BIG SLEEP"?

ANSWER 4:
WHO IS ISABEL ALLENDE?

ANSWER 5:
WHO IS IVAN TURGENEV?

FAMOUS PEOPLE (PAGE 134)

ANSWER 1:
WHO IS GERONIMO?

ANSWER 2:
WHO IS ALBERT CAMUS?

ANSWER 3:
WHO IS BOBBY SEALE?

ANSWER 4:
WHO IS DONALD GLOVER?

ANSWER 5:
WHO IS SALLY RIDE?

U.S. HISTORY (PAGE 136)

ANSWER 1:
WHO WAS SAM HOUSTON?

ANSWER 2:
WHAT IS ANTARCTICA?

ANSWER 3:
WHO IS CARRY NATION?

ANSWER 4:
WHAT IS INCOME?

ANSWER 5:
WHO WAS JOHN DILLINGER?